南懷瑾文化

照人依舊披肝胆
入世翻愁損羽毛

——劉雨虹訪談錄

岱峻 編著

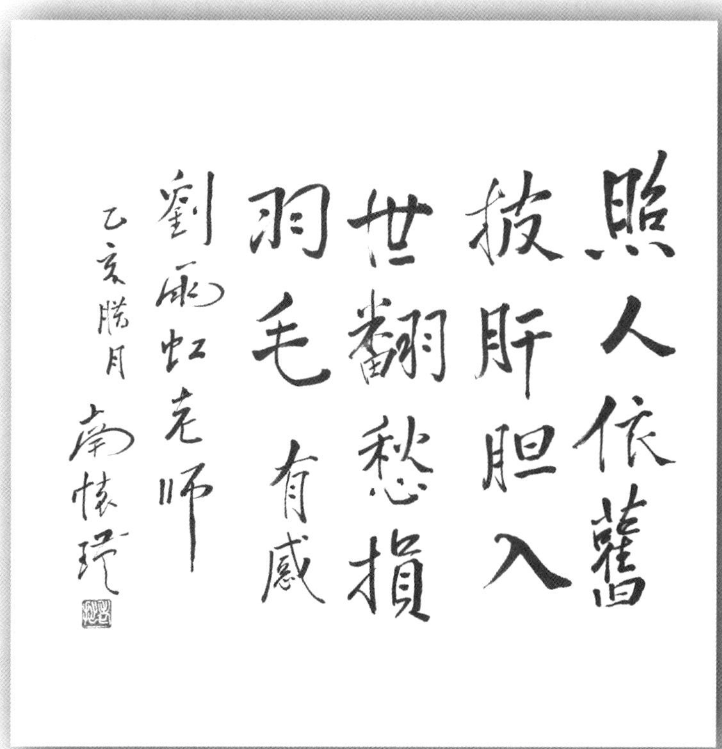

1996年，南懷瑾題贈劉雨虹：
照人依舊披肝膽，入世翻愁損羽毛——有感劉雨虹老師。

出版說明

本書作者岱峻先生，與雨虹老師結緣於《風過華西壩》一書。華西壩在四川成都，是抗戰時期大後方重要的文化教育中心，雨虹師彼時曾在此地求學。雨虹師的老友朱清時先生也是成都人，熟悉這段歷史，推薦了《風過華西壩》一書給雨虹師。雨虹師讀後十分讚賞，即相邀作者岱峻先生夫婦至蘇州廟港淨名蘭若相見，撫今追昔，相談甚歡，遂有此書。

岱峻先生為文化學者，長期專注於民國學術史，有《發現李莊》《民國衣冠》《李濟傳》《弦誦復驪歌》等多本長銷著作行世。岱峻先生筆觸生動真誠，傅斯年、李濟、董作賓、梁思成、林徽因等一代學人的人格風範，在充滿細節的史料故事中自然流出；在一件件學人往事中，讀者們也得以逐漸拼湊出那段烽火歲月中的學術黃金年代。

在同樣的大時代背景中，雨虹師則走出了一條不一樣的文化道路。生於西風東漸，傳統文化花果飄零的新文化五四運動時期，經歷過延安、西昌、成都、南京、臺北及美軍顧問團等各處的文化洗禮，卻在知命之年從學南師後轉變想法，進而襄助南師弘揚傳統文化。其間的思想轉折，讀者們或也能從岱峻先生對雨虹師的細膩挖掘中，窺見一二。

馬宏達先生與王愛華女士，在二〇一九年十二月時，亦曾對雨虹師進行過訪談，此段訪談記錄亦經由岱峻先生費心整理，融合進本書之中。張振熔先生對談話錄音的整理，馬宏達先生和宏忍師對本書的編校殫精竭慮，這也是需要特點說明的。

感謝岱峻先生耗費心力編整本書，並在南懷瑾文化印行繁體版本，讓讀者們能認識更多文化人，並得以從一個不同的視角，回顧這段百年歷史。

編輯室　彭敬

二〇二〇年十二月七日

編著者言

岱峻

這部訪談錄，初擬兩個書名，一為現名，另一為《當我離世時，請為我唱歌》，都其來有自。後者，劉雨虹老師在回答馬宏達的訪談時說：「我覺得一輩子過得太熱鬧了，我自己一生有很多奇遇，雖然不發財，也從來沒有受過窮，好像一切都很順吧。我告訴你，我這麼想，現在年紀這麼大，假如我涅槃了，離開這個世間時，請大家為我歌唱。」我很讚賞莊周這種「鼓盆而歌」的生死觀，以為堪作雨虹師一生曠達的總結。

雨虹師在回覆我的親筆信中寫道：「題目仍用『照人依舊披肝膽，入世翻愁損羽毛』吧，那是南師對我的評語。」於是，我試圖去找尋這段「公案」的原委。雨虹師在《禪門內外——南懷瑾先生側記》一書中寫道：

有一天，記得是一九九六之秋，老師（註1）提早來到會客室，

（註1）本書仿史體例，敍述語言免去敬稱。文中所稱「老師」，除有姓氏專指，餘皆為南懷瑾老師。——作者註

進門就囑親證師鋪設筆硯紙張，原來要寫字了。

我站在一旁觀看，第一幅老師寫出幾個大字：

照人依舊披肝膽

入世翻愁損羽毛

再看下去，原來題款是寫給我的，一時不禁吃了一驚。我並未向老師求字啊！現在為什麼先寫一幅給我呢？大概是因為我站在旁邊，算是順水人情吧。

老師繼續寫下去，寫了不少幅，字也越寫越好。我站在旁邊不自覺的喊起好來。

老師的字自成一派，但每幅都似有敗筆。奇怪的是，這並無損於整體的自在逍遙的氣勢。就像鑑賞詩的人所說：「無好句有好篇」，每句詩雖很平凡，但整篇讀下來卻引人入勝，毫不平凡。另有些詩是「有好句無好篇」，每句都是金句，但通篇讀下來，卻不知所云。

老師的字是「有好篇」之類的，別人想學也學不來，雖有敗筆，整幅看起來風格獨特，有仙風道骨之感。

寫到最後一幅，也是給我的，可能是回應我說「越寫越好」的那句話，這一幅敗筆少，是古人的詩句。

但使我越想越納悶的，還是那句「入世翻愁損羽毛」的話，總覺得有些玄機。當天夜晚似乎半睡半醒，腦海中總在若隱若現的飄浮著這句話。

愛惜羽毛是做人的基本常情，正人君子都會愛惜羽毛，但在老師的口氣裡，愛惜羽毛似乎成了一種障礙。

在胡思亂想理不出頭緒時，忽然想到不久前與老師的一段對話，那天在說到《人文世界》復刊的事（一九九六初），我好像說了一句「不能丟人」之類的話，老師卻說：「我不怕丟人」。我又說：

「老師不怕丟人，但是我怕丟人啊！」

這也是愛惜羽毛的意思，做事不能丟人現眼，不能被人笑話……

又想到有一次，說到任事不易，被人批評，老師立刻說：

「要做事就不能怕被批評。因為只要做事就會遭人批評，做得不好有人罵，做得好也有人罵，怕人罵就不能做事。」

對啊！仔細回想一下，老師是不管別人的批評或背後謾罵的，他一概置之不理。前面我也提到過，對他人的閒言閒語，他會說「人家要吃飯嘛！我們也要吃飯嘛！」

第二天又見到老師時，我說：

「昨晚參了一夜的話頭，今天悟到了，愛惜羽毛是我的習慣，有時為了自己的羽毛，不肯去做該做的事……」

老師沒有任何答覆。

——這段「公案」，蘊何禪機？

雨虹師是一九二一年生人，已晉百歲，耳尚聰目略明，口齒清晰，思維縝密，表達精準，讀書寫作，至今不輟。

雨虹師身世非凡，三姐弟皆學有所成，姐夫趙春翔，是享譽世界的大畫家；先生袁行知乃江蘇武進名門，曾任聯合國糧農組織專家；堂兄妹袁行霈（北大教授、古典文學家）、袁行恕（女作家瓊瑤之母）、袁曉園（中國第一女外交家）等，滿園芳菲。

雨虹師也一生傳奇：抗戰前讀到高一，受王實味等老師及左翼同學影響，棄開封女中而讀中共栒邑陝北公學分校。後轉延安本校，毛澤東曾與她意外握手。一個生性自由、顧惜羽毛的知性少女，因患牙疾，從此離開那片紅色的土地；輾轉到達四川，犯險過夷區到西昌，就讀邛海邊上的國立西康技藝專科學校；後到成都，結婚生女，插讀四川大學蠶絲系及金陵大學園藝系；抗戰勝利到南京始完成學業。一九四八年底，搭乘陳誠接陳老夫人便機入臺，先後任華僑通訊社記者，美軍顧問團翻譯十數年。一九六九年，追隨「縱橫十萬里，經綸三大教」的南懷瑾先生，參與籌創《人文世界》雜誌和老古出版社，擔任總編輯，記錄整理出版南老師的大部分著作。南老師視之為「道友」，稱為自己的「總編輯」。兩者關係「亦師亦友」、「半師半友」。雨虹師除了編著《懷師——我們的南老師》《我是怎樣學起佛來》，將記錄南師禪七吉光片羽的《習禪錄影》部分內容譯為英文（書名《Grass Mountain》）外，近年亦編輯了《雲深不知處》《南師所講呼吸法門精要》，陸續出版自己撰寫的《禪門內外——南懷瑾先生側記》《袁曉園的故事》《東拉西扯：說老人、說老師、說老話》《禪海蠡測語譯》《懷師的四十八本書》等著作。

我與雨虹師相見恨晚，而一相識即儼然百年。拙作《風過華西壩》經科學家朱清時院士推薦給雨虹師。老人讀過，打來電話交流，遂有了面晤之緣。二〇二〇年七月十日，我們乘坐高鐵到了太湖之濱的淨名蘭若，次日恭逢雨虹師百年壽宴，聆聽老人講述百年傳奇，遂存心完成一部口述史，於是記錄整理出這些文字。

成住壞空，乃佛教對於世界生滅變化之基本觀點。宋代釋祖欽有偈頌：「寰中日月，量外乾坤。舉起也千差萬別，放下也不立纖塵。」西哲也認為，人生不過是不斷背包袱和卸包袱的過程。雨虹師生在五月，本該天乾地燥，結果當時下了十八天雨，父親即為她取名雨琴。後來她自己改名雨虹。也許，這是她的人生期許：烏雲翻滾，雷電交加，暴雨滂沱，而雨後彩虹，滿目山青。

目錄

第一章　緣起華西壩

劉雨虹：你進來看到我們門口的牌子沒有啊？

岱峻：沒有注意到。

劉雨虹：上次我看到你的書以後，我說這書太好了，為什麼，你寫那個叫？

岱峻：《風過華西壩》。

劉雨虹：《風過華西壩》。我一輩子寫文章，一看這個，我說高明，形而上，假如我寫華西壩，我會寫個「漫談華西壩」「我所知道的華西壩」，那多無聊啊。

岱峻：劉老師太謙虛也太幽默了。

2020年7月14日劉雨虹在淨名蘭若。

劉雨虹：真的，我說這個人了不起，快點請他來吧！真的是這樣。現在文人很多，有人有味道，不見得正派，對吧！你那部書《風過華西壩》，我一看裡面提到很多人是我的老師，可見你是規矩做學問的。我們兩個後來通過了電話了，對不對？我說這一個人怎麼知道，那個教授叫什麼呢，是我們農學院院長，我上過他的課。

岱峻：胡昌熾教授。

劉雨虹：胡昌熾是我們系主任。

岱峻：章之汶是你們院長，陳裕光是校長，陳先生的女兒也念你們學校園藝系，他女兒叫陳佩結，年齡比劉老師小。現在還跟我有聯繫。

劉雨虹：這個華西壩啊，在那一段的歷史，是很了不起的。可是我覺得沒有人描寫，為什麼？當初抗戰，不是很亂嗎？那時所謂壩有三個，古路壩、沙坪壩，然後是華西壩，一個叫做地獄，一個人間，一個天堂，我都去過。為什麼呢？因為抗戰那個時候，沙坪壩待不住，也亂，古路壩更落後，成都沒經過戰亂，所以人文薈萃。

岱峻：《弦誦復驪歌》這書是給您帶來的，上面印了南懷瑾老師寫〈去大後方〉的句子，「歷盡了渺渺途程，漠漠平林，壘壘高山，滾滾大江」，就是南老師的歌詞。這裡邊寫的是「戰亂烽火下的弦歌不輟，薄暮餘暉中的驪歌永別」，書名叫《弦誦復驪歌》，「弦誦」就是像您和您老師那一段經歷，烽火戰亂，弦誦不輟；復是緊接著，戰爭又起來了。「驪歌唱晚」，就是寫教會大學最後學人的告別。這是商務印書館二〇一七年出版的。《風過華西壩》就像是紀錄片，《弦誦復驪歌》就有些細節，像故事片，比如裡面寫到卜凱和賽珍珠。

2013年，岱峻《風過華西壩》書影。

劉雨虹：後來他們兩個人分手了。

岱峻：這張照片是卜凱後來的太太，張涤梅。

劉雨虹：張涤梅是中國人？

岱峻：中國人，上海姑娘。

劉雨虹：卜凱本身是規矩人啊，賽珍珠很了不起，這個卜凱娶她，後來她跟一個出版商好嘛。

岱峻：我那個《風過華西壩》裡寫到，有一個卜凱的學生，也是金陵大學農業經濟學系的，叫崔毓俊。他兒子聽說我在做這個事情，就給我寄三千塊錢，就說資助我，因為我一個人做這個事情，沒有拿政府的錢嘛，也就是太太馮志幫我。他說我願意支持你來做。一聽他已退休，我怎麼能收一個退休老人的錢，我哪怕寫不下去，我也不能拿這個錢，我把錢給退回去，然後跟他說你的心我收下了，那個老人專程趕到成都來，拿了很多照片給我。

馮志：（翻看照片）這就是卜凱先生後來的兒子提供的照片。

岱峻：賽珍珠和卜凱離婚後，當時有一個出版商，出版她的《大地三部曲》，以後兩個人好上了，這個卜凱很老實，在前面開車，他們兩個在後面調情。

馮志：這個是卜凱先生和賽珍珠的親生女兒，是一個弱智孩子，他們後來又領養了一個，兩個女兒，這是他們沒有離婚之前照的。

岱峻：有一個外國作家說過一段話，「一個老人就像一座小型圖書館」，我們是來看這一座小型圖書館的。昨天我們吃飯時跟小彭老師聊，說這一趟我們過來，拜見劉老師也就是追尋劉老師的足跡，今年冬天我們度假，就在您當年的國立西康技藝專科學校瀘山下的邛海對面。我們住家在成都華西壩附近，昨天晚上火車經過了您的家鄉河南，您原來讀的開封女中，然後過到太湖廟港來，差不多就是劉老師在大陸足跡的幾個主要點。

劉雨虹：比我搞得都清楚。

岱峻：還帶來兩本書，這是《發現李莊》，瓊瑤是您的堂姪女對不對？她的父親陳致平先生，當年就在李莊的同濟附中教書，也兼一點大學的課。她媽媽帶著她是在瀘州的瀘南中學教書。這本書送給編輯部吧，這一本叫

《民國衣冠》，書名是什麼意思呢？衣冠指文明和文化，民國的文明和文化是在哪裡呢？我說當時在李莊。我看老師的博客裡寫到許倬雲先生，許先生給我做了一個序。

劉雨虹：現在不說年輕人都不知道，這是重要的歷史文獻啊，對吧？這一些書是要送給你的，這第一本是剛出的，剛剛拿來。

岱峻：袁行霈先生的書我是看過的，他的詩詞集我是看過的。

劉雨虹：這是南老師的詩，這一本是老師自己說的《我的故事我的詩》。現在我很苦惱，因為字很小，看起來很累，臺灣的書字比較大一點，書頁的顏色，老師認為不可以用白的，要用淡黃色，對眼睛好。大陸的書現在是比較白。

岱峻：劉老師，我在您的博客上看到您寫了一段劉自然的事情，那是臺灣一九五〇年代的白色恐怖時期。我寫《風過華西壩》，就是你們在華西壩的那一段時期，什麼顏色的學生都有，後來有的去了臺灣，去臺灣每個人的理由不一樣，有的是要追隨國民黨，有的是KGB，帶有共產主義使命的特殊的學生。我就寫了一批特殊學生，這一些人我猜想興許你可能認識，有哪些呢？比如說追逐孫立人將軍的女生。

劉雨虹：那當然知道。

岱峻：孫立人將軍的太太張晶英。

劉雨虹：信佛的。

岱峻：當時經孫太太張晶英介紹，孫立人有個女祕書姓黃，知道嗎？

劉雨虹：這個細節不知道，她跟孫立人不在一起啊，雖然是夫妻，到了臺灣以後孫立人太太就跟那個廟子裡有一個姓張的師父在一起。

岱峻：這張照片是他的祕書，英文祕書黃正，這個是她姊姊黃珏，當時是你們華西壩金女大的姊妹花。黃正先去臺灣，去跟孫立人將軍做英文祕書，然後因為她的原因，姊姊黃珏也從廣州到了臺灣，就在孫立人將軍屏東的女青年工作大隊，因為當時要教女學生兵，她是金女大家政系畢業的。當時臺灣出了一個通蘇俄間諜案，一個叫汪聲和的，也是從華西壩去的，是齊魯大學的，他在華西壩讀齊魯大學期間，參加了蘇俄的KGB組織，這個組織就派他到臺灣，他甚至沒有與在臺灣的共產黨聯繫，他發報直接就發到海參崴。他們當時在臺灣有一個活動組織，涉及到華西壩幾個學生。一個學生叫李朋，是中央大學的，當時是中央社記者，他利用各種關係刺探在臺灣的情報，也去屏東找這個黃正的姊姊黃珏，同時娶了一個護士太太，護士的哥哥是海軍。當時的蔣介石，一手要打倒共產主義，一手要剷除自由主義，然後就藉這個案件搞了一系列的清剿，禍及孫立人將軍及一大批人。本來那本商務印書館出版的《弦誦復驪歌》裡有這一章，後取下來了。我寄給臺灣有一個刊物《傳記文學》，《傳記文學》當時的主編是成舍我先生的女兒，叫成露茜女士，她看了這個東西啊，給我寫了一封信，說這個事情我們臺灣都沒有人弄清楚啊，你怎麼會弄清楚啊？今天小彭老師也問我，這就等於是一個知識考古學吧。

劉雨虹：那個時代很亂。

岱峻：（指示照片）這是孫立人將軍年輕時的照片，這就是我說的他的英文祕書黃正，後來關到綠島，坐了二十年的監獄，出來以後嫁給西德的一個外交官，後來就一直待在國外，她自己寫了一本書叫《烽火儷人》。是不是長得很漂亮？這張照片是齊魯那個KGB的學生，當年他是住在成都商業街的勵志社，那時是盟軍俱樂部。這張照片是屏東的女兵。

劉雨虹：這是誰啊？

岱峻：就是剛才我說孫將軍的女祕書黃正，後來改名黃美之，這是她老了以後。

劉雨虹：她給他做女祕書，是在孫立人被軟禁後嗎？

岱峻：沒有。孫將軍被軟禁就是因為這件事情，就是說他通共嘛。原

孫立人將軍戎裝舊照。

來是說孫將軍幾件事，一件事就是說當時美國想讓他來代替蔣，有這一種說法。另一種說法就是從他身邊，把他的女祕書抓出來，因為他女祕書的姊姊，確實給了情報給那個叫李朋的，中央社的那個。中央社那個李朋，從廣州就開始放釣餌，當時他在北平是有家室的。他受派遣，然後一直就跟到南京金陵女大，經常去找這對姊妹花，然後就跟著姊姊到廣州，然後孫將軍把他也一併弄到臺灣來。於是他跑屏東，跑基隆，海軍幾個地點，所以說孫將軍通共，主要的原因就是這個案件。

劉雨虹：這個孫將軍在臺灣被誣陷這個事，是國民黨黃埔派系軍方對付他的，為什麼？當時的美軍顧問團團長蔡斯，他們兩個人在美國是同學，都認識，他給孫立人講，說你們這個蔣某人啊，實在太落伍了，不行，我希望你取而代之。可是孫立人不幹這個事，我們中國人不幹這種事，尤其跟美國人合作，那怎麼可以，對吧？將來要聽美國人的，他不肯。結果他不肯啊，不是沒事，偏偏國民黨那些黃埔同學，有些人字都不認識……

岱峻：哈哈，我父親也是黃埔後期的。

劉雨虹：黃埔幾期啊？

岱峻：十七期。一九三九年抗戰時期，他是學無線電通訊的。

劉雨虹：黃埔一開始招生，招什麼人啊，什麼人都來啦，所以黃埔一二三期都沒學歷，後來漸漸就好了。然後黃埔這一派害怕他們的勢力要被美國捧的孫立人代替，他們就給孫製造假新聞，說他通匪，就是搞這些事。後來，黃埔派一看他們鬥不過這個洋派，他們就造謠，搞些假新聞什麼的，蔣介石沒有辦法，因為土的這一派是蔣的嫡系，他就把孫立人軟禁起來，倒沒有對付他。唉呀，現在有時候偶爾出現人名啊，要想一陣子才想起來，再晚就不行了，就記不得了。

岱峻：劉老師，您的記憶，思維，表達都很清楚。

劉雨虹：我跟你講，這一次我邀請你來，本來是想給南老師寫傳記，後來怎麼就變成給我寫傳記？絕對不可以寫傳記啊，我只是經過了那麼多地方，那麼多事。你是一個作家，自由作家，你覺得能夠採取什麼材料，盡量採取，不要用我的名字，就是那個時代的事，國民黨、共產黨、日本人，很多事情，這點先說明白，不然就沒有意義了。

岱峻：劉老師，我很敬仰您，您打電話時說看過《風過華西壩》，您說寫得很真實，我上午跟小彭老師聊天的時候就說，我說中國人寫史啊，溢美之辭多。馬克思．韋伯有一句話，寫史要價值中立，就是不能預設價值觀。我要是來寫溢美之辭的話，是對您的不尊重，也不自尊。

劉雨虹：那沒有價值。我看了你的文章，很佩服。我請你來，希望把整個歷史經驗講出來，你用你的方式講，不要提我的名字，一提我的名字就沒有意思了。

岱峻：劉老師您放心，我做這個事情，剛才我說了，我是看了您的東西以後，才決定要不要跟您聯繫；又看過您全部博客以後，我才決定來不來。我來第一句話就說，您是一座小型圖書館，值得我來讀，因為我覺得您是一個傳奇的人，雖然人生的經驗不可複製，自己的蜜糖也可能是他人的砒霜，但是我們還是應該把一些有意思的，有價值的東西留下來。這兩天我在傾聽，在學習，也在思考，就覺得您寫到和講到的那一批人，都經歷過一個大時代，每一個人在大時代面前，都是大海裡的泡沫。寫出您人生的經歷，從佛教的角度，成住寂滅，基本上也是這麼一個過程。我對您的敬仰是對一個時代的敬仰，您這一班人，包括寫到的那一些將軍，那些將軍什麼沒有經歷過，最後為什麼會匍匐在蒲團上？我自己沒有經歷，但是我也差點成為眷村裡的孩子，我的父親原來是通訊兵嘛，是通訊連連長，配屬山東王耀武戰區。然後就帶著我的媽媽一直往南走，走到南寧就解放了。臺灣中央研究院有一個叫王明珂的先生，他寫過《父親那場永不止息的戰爭》，我看過，因為我跟他熟悉，看了我也很感動。所以我就想從您的身上，看出一些人生經驗，人生智慧，給人啟發。至於名字，我覺得這是不重要的事情，您看您本人不是已經改過名字了嗎，事實上一個人的名字沒有多少人會記住的。

劉雨虹：那不對，現在我們記住了多少人的名字？

岱峻：劉老師請您放心，我會知道分寸，第一我不會把你拔高，當然也不會貶損，盡量記下您的講述，再通過我的考證。因為記憶的過程就是遺忘的過程，您記住了一點，可能遺忘的更多，所以記憶靠不靠得住，就要考證。譬如您的姊夫趙春翔，去臺灣的時候是政工隊是吧，那我就得去考證，他們是幹什麼的，他的組織是什麼，還有哪些人。

劉雨虹：幸虧你對這個有興趣，很特殊的方式來挖掘真相，所以看到文章就覺得好，就在這裡。但我跟你講，還是不要提我的名字，就說有那個人，跟那個時代的關係。

岱峻：這個不行，因為沒有您的名字，別人會以為是寫小說啊，那王鼎鈞先生的《回憶錄四部曲》不是就擺在那裡了嗎？

劉雨虹：我說不過你。

岱峻：必須要有名字，沒有名字別人會覺得你是假的，我先把現有的梳理出來，所有的，已經電子化，沒有電子化的東西掃描給我，然後我把它梳理出來。

劉雨虹：我相信經過你的手，人家的看法會認為這是歷史的經驗，不是說你要捧哪個人，這個很重要。

岱峻：對，不會捧的，你看我現在的文字就可以看得出來。我很在乎別

1940年代的華西壩。

人評價我有一句話，說看我的文章，文筆不卑不亢，他看的是文字，因為不認識我，只能透過文字來認識我，我覺得這個評價很高。對待歷史，就像錢穆先生說的，需要保有溫情與敬意。就我本心來講，我可能也是向善之人，一個正直的人他筆下才不會歪，該說不該說的分寸才能拿捏得好。我做那個《風過華西壩》，不是有很多老人的講述嗎，口述史，最寶貴的就是那一部分，因為文字的東西留下來還可以查，老人的講述就沒有了，老人的講述才可能有細節，有故事。我做完以後，很多老人就過世了。

劉雨虹：你做這個工作很專業，也很辛苦，很累的。

岱峻：不過很有趣。劉老師每一句話，爺爺，爸爸，媽媽的事情，自己很小的事情，跟今天有沒有什麼關係，這就是一滴水和一個大海的關係，要是沒有那個一滴水就沒有大海，所以我就想把這一段把它好好弄清楚，不清楚的地方，我還要問。

劉雨虹：有興趣就好了。做人要正，念頭要正，文字也要正，作風都要正，你有這個正。禪宗說：「正人用邪法，邪法也是正」，對不對。

馮志：這本《風過華西壩》從做口述史到出書，做了八年。

岱峻：劉老師我還要請教一個問題，我現在看您的講述裡面，提到一些名人隱私，比如說孔二小姐，宋美齡啊，我覺得我們這個文字最後出來的時候，最好不要有這些，一是牽涉到別人，二是孤證不立，涉及的問題死無對證，三是聽來的，不是親眼所見。

劉雨虹：對，應該的，應該的，應該這麼做。牽扯別人嘛，最好不要惹這個是非。所以這個文字啊，各方面都要顧及。

岱峻：劉老師，我跟您稟告我思想認識的變化過程。我最先寫歷史是《發現李莊》。用了很多材料，口述的、文字的都有，但是之前有一個意識形態的洗腦，所有的材料都經過濾過，哪些該說，哪些不該說，就是往哪些方面靠。裡面我寫到了當時同濟大學，就是陳致平先生在那裡的時候，有一個校長叫丁文淵，丁文江的四弟。

劉雨虹：對，我想起來了，有這個事。

岱峻：丁文淵先生後來是去臺灣了，大陸的敘述說是法西斯，同濟大學校慶的時候，搞檢閱、搞軍樂團，說是效法納粹德國。當時有派系之爭，教育部長，一前一後，一個陳立夫，一個朱家驊，各有派系。同濟就有兩派，互相鬥，就說丁校長支持了哪一派，然後就聯合二十四位教授來鬥這個丁校長。等到丁校長去臺灣以後，就把他說成中共和國民黨特務的鬥爭，這已經寫到同濟校史裡面了。我在用材料的時候，沒有甄別，就把別人的材料引用了一段，裡面就涉及到同濟大學的教務長，一個叫薛祉鎬的教務長，他是寧波鄞縣人。這個薛教務長呢，當時有人說他是丁文淵的幫兇，說他是復興社特務。再有，因為李莊是田坎路，還寫到丁文淵出行，來回要坐滑竿，一個校長坐滑竿出行是很正常啊。我也寫到傅斯年，他出行也坐滑竿，很體恤民情，滑竿夫稍微一側，就馬上停下來，他就走路，這個我也有寫。但是我寫丁文淵，就說他是法西斯，還要坐滑竿。後來薛先生的兒子薛恭稼看了《發現李莊》，這位先生在浙江杭州，他一方面鼓勵我，一方面批評我，就是說你寫歷史啊，偏聽偏信，你說我父親是復興社，我父親無黨無派，沒參加過任何幫派。還有坐滑竿，同樣的事評價不同。從那個時候開始反思，你說的每一句話，一定要認真負責，不要有雙重標準，隨便臧否人是很不應該的。慢慢年齡也有了，也知道人世艱辛。這個世界上的壞人也少，聖人也不多，大都是平庸之人。就是周作人先生說的，我們都是可憐的人間，他不是說我們都在可憐的人間，因為你不是在人間之外。我才稍微清醒一點。

馮志：劉老師您知道岱峻原來是做什麼的嗎？

劉雨虹：不知道。

馮志：記者，他是記者出身的，所以你看他做訪談……

劉雨虹：我跟你講，我們兩個人同行，我也作過記者。

岱峻：華僑通訊社記者。

劉雨虹：他們教我如何做記者，所以記者多半都是很中正的，當然有些記者被收買，可是你規規矩矩的做，這叫做無冕皇帝啊。現在都不行了，不要說記者，文人的那個文字，歷史都亂寫。南老師有一個兒子叫小舜哥，因為老師到了臺灣又結婚，小舜哥跟他媽本來也去了臺灣，後來老師臺灣的太太就說，老師欠了很多的帳，你們快點回去吧，他們又趕緊回來了。回來啊，當時小舜哥，老師這個兒子啊，只有八歲還是幾歲，後來他寫了一本書叫《人生路漫漫》，他有很多溫州話我聽不懂，可是我認為他這個是可以流傳的，他沒有提到什麼人，沒有批評任何人，這個太難得了。後來我就心裡想啊，將來我要問他這個溫州話是什麼意思，把它搞成國語，然後這個書是流傳後世，因為講那個時代，在大陸那麼苦，父親在臺灣，沒有怨言，講那個生活的情形，講得太好了，那就是歷史見證啊。好了，後來有一個人，寫文章的，就給他改寫，加鹽添醋，我說你看，好好的一本書搞成這樣，我心

2020年7月11日，劉雨虹接受筆者訪談。

裡老想把他原始的文章搞出來出版，因為現在沒有時間，年紀也大了。所以文章這個事情啊，就證明一個人作人要中正，人不中正，就不要談了，做什麼事都不行。

岱峻：劉老師，我比您小三十歲，您對我的鼓勵我很看重，而且我對您的人品和學養也很敬仰，您說的中正那兩個字，我是覺得很好。

劉雨虹：所以蔣介石就叫蔣中正，他也是有人鼓勵他規矩，他媽是學佛的，天天在寧波雪竇寺裡念《楞嚴經》的，所以我覺得無論如何，他帶領中國抗戰走正路，他沒有歪，已經不簡單了。

南師回憶：他在臺灣幾所大學講學期間，經常受邀到國民黨陸海空三軍軍校，給學生士官們上傳統文化課。一次他去某軍營上課，山腰半道上，有很多荷槍實彈站崗的士兵，三步一崗、五步一哨，戒備森嚴。這個「待遇」是他先前沒有遇到過的。上了講臺，又發現臺面上多了一支話筒，線頭拉向講堂隔壁的一個獨立房間，聯想到沿途所見，南師意識到，今天老蔣先生也來聽課了。……

沒過多久，傳來一個重磅新聞：蔣介石先生在島內成立了「中華文化復興運動推行委員會」（後改名「中華文化復興運動總會」），蔣親任會長。這個決定與他聽了南師那堂並未謀面的課有多少關係，並不是南師關注的。蔣公此舉，對於中華傳統文化在島內的紮根與發展，實乃一大功德。

一九七五年四月五日，時值清明，蔣公逝世。南師深夜接到國民黨中央黨部的電話，那頭告知：蔣先生走了，治喪委員會剛剛成立，正佈置第二天供各方弔唁的靈堂，希望南先生撰寫副輓聯，能夠總結評價蔣先生的生平功過。於公於私，南師都無法拒絕這個「政治任務」，遂答應下來，並於第二天一早送了過去。南師說：能夠決定指派這個任務給他的，只有一個人，那就是小蔣（蔣經國）先生。南師給蔣介石先生的輓聯是：

勳業起南天　北伐功成三尺劍

神靈護中土　東方感德一完人

在大學堂的餐桌上，南師這樣解釋：不管怎樣，蔣公在推進北伐、完成國家統一（哪怕是形式）上，功不可沒，這也是他一生最輝煌的業績。至於「東方感德」，則有雙重含義：其一，明指位於東方的中國；其二，暗指中國東方近鄰的日本，也應該感恩蔣公。作為「二戰」戰勝國的國家元首，是蔣公拍板，放棄了對日本戰敗國、侵略國的賠償訴求，以體現我仁義之邦、以德報怨。南師認

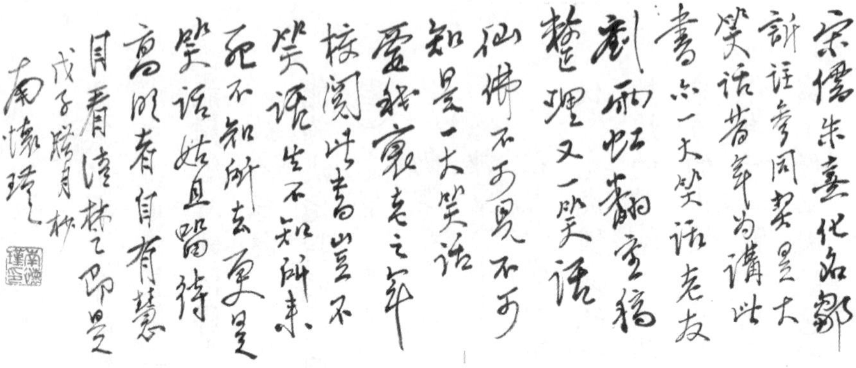

2009年1月下旬（戊子臘月杪），南懷瑾為《我說參同契》撰寫的楔子。

為，蔣公的離世，未嘗不是一種解脫。當時共產黨領導的中華人民共和國，已在聯合國擁有合法席位，這對於始終堅持中華民國才是正統的蔣公而言，無疑是一大打擊。南師說，他當時腦子裡還有另外一副輓聯：

留得殘山剩水　最難料理

際此狂風暴雨　正好收場（註2）

岱峻：我現在已經看過兩遍您此前的口述記錄，我想把您經歷的事情，盡量把它弄

（註2）查旭東，《說不盡的南懷瑾》，南懷瑾文化事業有限公司，2017年出版發行，76～79頁。

清楚，至於怎麼寫呢，再研究，等於先把您的紀事的本末弄清楚，有哪些還不清楚的，看到有疑問的地方，我就一點一點問。我想，把關於您的東西，主要是經歷方面的，電子稿發給我，然後我把它考證，編年，弄一個基礎的東西在那裡。

劉雨虹：（翻檢文件檔案）這是我開封女子中學畢業證書，這是什麼？

宏忍師：這是您荷澤的那個證書。

劉雨虹：所以你看有很多證件根本是假的，證件也不能證明是真的。這是安徽省太湖師範學校聘書，茲續聘劉雨虹先生為教員，有效期間……這個不知道誰給我的，我也不知道。

馬宏達：所以光有史料也可能不了解情況，有時候裡面也是真真假假的。

劉雨虹：所以有證明也不能證明是真的。

岱峻：我們這次訪談，加上前面宏達那幾次記錄，我覺得是一個比較完整的口述史。我會把時間重新排過，比如劉老師以前講過的，這一次又講；

還有，講的時候沒有順序，文字梳理就得有一個順序。我會按時間排出來，做完以後，請您授權簽字，認可。比如說您哪年幹什麼，幹什麼，有一個清晰的表達。所以我想就是這樣，等到這三次談話記錄傳給我以後，我會在收到後一個星期到十天之內，把它弄完，弄完我再返過來，您再看再修改，就是盡量以一個編年史的方式呈現，我會做一些梳理的工作，前後順序，還有考證，還有所提到人物的注釋，我工作就大概是這麼一個流程。

劉雨虹：太好了，清清楚楚，工作順序安排得很好，這樣就對了。我們這就開始。

第二章　故土　親人

河南封丘，為「古封父之國」。封父是炎帝後裔，封丘即封父墳墓所在地。漢高祖時置封丘縣，縣治幾經變異。西元九百六十年，趙匡胤在封丘陳橋驛發動兵變，黃袍加身。北宋封丘屬京畿路開封府。民國初，封丘縣直屬河南省。民國二十一年（一九三二年）劃歸第四行政區。民國二十六年（一九三七年）日寇佔據封丘，日偽在省下設道，歸豫北道。一九四五年八月日本投降，恢復舊制，封丘仍屬第四行政區濮陽專員公署。中共建政後，先後歸屬濮陽專署、新鄉地區，現屬地級新鄉市所轄縣。封丘縣位於豫東北，華北平原中部，地處黃河故道。黃河從縣南和縣東流過，境內流長五十六公里，均為地上「懸河」。地勢平坦，地貌複雜，沙崗、平原、窪地兼有。屬暖溫帶大陸性季風氣候。特產金銀花，被譽為「金銀花之鄉」。

岱峻：劉老師，您家是在河南開封府？

劉雨虹：河南開封。父親的老家在封丘縣。

劉雨虹曾寫過：

小時候最喜歡過年，當時也有順口溜：「臘八，祭灶，新年到，穿新衣，戴新帽，小妞要花，小子要炮，老頭老婆要核桃」。在我小的時候，過年除了有好吃的，好玩的，又有壓歲錢之外，還有些傳統的禮數要遵守。首先除夕那天要去長輩那裡「辭歲」，當然這是大人的事；有些當部屬的，則要去向長官辭歲，表示告別舊年。辭歲不能說拜年，也不多停留，有時三五分鐘就告辭。反正是個禮數而已。等到初一那天才能說拜年，與熟人相遇也互道「恭喜」、「恭喜發財」之類的吉祥語。那時拜年的紅包，也是初一才給的，只有家中給晚輩或佣人的紅包，是在年夜飯之後給的，叫做壓歲錢。我的父母會在我們入睡後，把壓歲錢放在我們枕邊，初一

醒來，急忙先找那包壓歲錢，一年開始就有錢，象徵一年好運，高興萬分。（註3）

過去的開封，有一點風俗。一天，宏忍師推我輪椅到外頭，有一家門開著。宏忍師就講這一家門怎麼老開著？我說我小的時候，開封沒有哪一家門是關的，都是開著的。家裡辦喪事才關門，貼個白條「喪事關門」，平常都是開著門啊。

王愛華：現在不行了。

劉雨虹：現在時代不一樣了。所以百年的變化啊，不要一百年，五十年變化都不得了了。還有我告訴你，我小的時候，大概四五歲的時候，聽到家裡外頭吹號敲鼓的，就出來看，你猜是什麼啊？放腳委員會，他們這樣敲敲打打，很多人出來看啊，一看你是小腳，就把你鞋子脫了，剪裹腳布。

（註3）〈拜年拜早年〉，劉雨虹《東拉西扯：說老人．說老師．說老話》，南懷瑾文化事業有限公司，2014年版。

馬宏達：那是您幾歲的時候？

劉雨虹：大概四五歲的時候。我沒有裹過腳，你看我父親那麼開明的人，怎麼會。還有我小的時候啊，最小的時候還用油燈，後來我大概上五年級六年級開封才有電燈。剛有電燈時，裝了一盞燈，鄰居的孩子晚上都到我們家裡讀書，就一個燈吊在那裡，大家一圈坐在桌邊。中國這一百年的變動，世界的變動多大啊，中國的變動更是從一個半農村社會變化成現在。

岱峻：老家封丘您爺爺那一輩是種地的嗎？

劉雨虹：爺爺家，是在距離黃河以北十來公里的東蔣寨。一個村的人都姓蔣，只有我們家姓劉。爺爺是種地的，奶奶念過四書。她的兩個弟弟都是有名的中醫。中醫都是念書人嘛，還有一些小功名，沒有狀元，大概秀才舉人是有的。

爺爺是山西洪洞縣跑出來的，他父母帶著他一個兒子逃荒，到了河南封丘後，遇到一個大姑娘，就是我奶奶，在家裡跟著哥哥姊姊念四書，誰家會娶念書的媳婦啊，什麼都不會做。一看那個傻小子來了，一個窮光蛋，娶不起老婆，嫁給他吧，將來沒有妯娌，少糾紛。所以他們就成了我的不認識字的祖父和讀書識字的祖母。講遺傳，到我父親那一輩，五弟兄，只有我父親字寫得好，書讀得好，好像很聰明，那就是遺傳了他的母親，他下頭四個弟弟沒有一個念書的，就像祖父。我祖父是從山西洪洞縣什麼大槐樹底下，當初父母帶他逃難逃到河南的。

馬宏達：我也是聽我父親說過，祖先說是這麼來，明朝的時候，很多省的人因移民屯田，為什麼說是洪洞縣大槐樹，因為在那裡做一個中轉，在那裡休息，以後大家相傳記得的就是那兒了。

岱峻：劉老師的書裡也談到南老師的祖籍，也是山西洪洞縣大槐樹，宏達的祖先也這樣說。那其實是中國人的祖先記憶，總是要找一個地方作標誌。北方人，一般就是西晉五胡亂華的時候過來；我們四川就是明末清初張獻忠作亂屠川，然後湖廣填四川，我們都是湖北麻城縣孝感鄉中轉；我們後來到雲南，雲南人說是南京奉天府麻柳灣戍邊的後代……這些可能都帶有一些傳說成分。

劉雨虹：我祖父死時是七十幾歲。從前我先生跟我回過一次家，他說你們家裡像美國西部農場。種地不是我叔叔種啊，他們是老闆，請的有長工，養的有牲口，沒有牛，就是驢子、騾子和馬。那院子裡養了好多馬，好多騾子啊，一進去看養那麼多牲口。所以叔叔們都不幹事，一天喝酒，有長工嘛。

馬宏達：這個家裡的財富是誰積累下來的，是奶奶能幹嗎？

劉雨虹：我奶奶讀書人怎麼會能幹？爺爺奶奶生了這幾個孩子，就我爸爸讀書，家裡慢慢勤勞啊，慢慢地積累嘛！

馬宏達：錢主要是您父親掙來的嗎？

劉雨虹：那是後來。我爸爸小時候家裡還窮，等到我爸爸稍微大一點，開始家裡每年新買土地，是我祖父積累的，他種地，我祖母就不會搞這一套，所以他天天罵我祖母，念書不幹活。

王愛華：劉老師，你家有上千頃地嗎？

劉雨虹：沒有，幾百頃。

馬宏達：那也不少，一頃一百畝，那也幾萬畝地了。

岱峻：我還記得您說您爺爺給您一個耳光，所以他過世你不給他戴孝。

劉雨虹：對，我想起來。我弟弟比我小兩歲。大約在我六歲的時候，曾祖父去世了，父親帶了我們全體，過渡黃河到鄉下的老家去奔喪。那時弟弟和我，對於農莊上的一切，都懷著興奮與好奇的心情。祖父對於難得回鄉的弟弟，疼愛到了極點。一天的上午，我與弟弟正在門口玩耍，祖父來了，祖父看見弟弟就蹲下來逗弟弟發笑。我爺爺不是在額頭有皺紋嗎，他曬得又黑，我弟弟就講，你這個額頭像是蚯蚓啊！我弟就把他抓得都出血了，他也不生氣。他帶著我弟弟到倉庫看，屋子一打開，整個屋子都是棗子，然後另外屋子打開都是花生。結果他就抓一把棗給我弟弟，然後我說我也要，我爺爺不理我。那就算了，到另外一個倉庫打開門看，從前不是蓆子這麼寬，轉的，你要拿轉多高嘛，他又抓一把花生給他，我又說我也要，他啪，給我一個耳光說，小妞還要東西，你是個女孩，你還要東西！我就哭了，找我媽，我媽說，誰要你跟著他！那怎麼辦啊，後來我爺爺被綁架不久去世，那個時候已經抗戰了，我到四川了，我父親說要戴孝啊，我說我才不給他戴孝。

岱峻：劉老師，您父親的大名，還有您父親是做什麼的？

劉雨虹：父親劉紹庭，字孝齋，從前的人都有字嘛。我還有父親寫給我的信，等一下讓宏忍師給我找出來，書法好，文章好。父親喜歡文化，家裡牆上貼的對聯都是他寫的。我六七歲的時候，那時候北伐，我父親的朋友到家裡來，在書房裡討論誰勝啊，誰敗啊，我就在外頭偷聽，中原嘛，一下這個軍閥來，一下那個軍閥來，很不安定。我父親幹什麼的，一言難盡。他從前是做工程的，祖母生了五個孩子就是大兒像娘，就是我父親。其餘的都是農民。

馬宏達：那時候您父親上什麼學？

劉雨虹：他不是搞工程的嗎，上的是政府辦的什麼學校。後來我父親說，本來他要上河南大學（河南留學歐美預備學校），畢業以後自動送到美國留學，可是那個時候自己要交學費。後來我父親就講，他是家裡老大，祖奶奶捨不得錢，所以讓他上那個錢少的學校，他就去上了訓練工程這一類的。假如上錢多的學校，後來待遇就變成三百四百，現在上的學校，做了事只有一百九。一百九十塊是個什麼概念呢？家裡請來做飯的，一個月薪水二塊，那時中學老師月薪四十塊，小學是二十塊，大學是二百塊，一個部長是四百塊啊。我父親的薪水，是一百九十元。

作為參照，其時國立中央研究院在河南安陽進行殷墟考古發掘，石璋如河南大學畢業，到中研院讀研究生，奉派參加田野發掘。他在文章中寫道，一般民工月薪五個大洋，小學教員十五個大洋，他是事務員，可拿到四十五個大洋。

馬宏達：那一百九十塊很值錢啊。

劉雨虹：對啊。他們出差做事是帶著勤務兵的。所以我跟你講，我爸爸沒有在家裡吃過晚飯，同學朋友輪流請客。天天在外頭吃館子。打茶圍你懂吧！

馬宏達：那是怎麼一回事？

劉雨虹：打茶圍是在青樓，在那兒喝茶吃點心，大家說笑話，叫條子，各叫一個姑娘，陪他們一塊胡說八道。這就是交際，不過夜的。所以我爸爸每天晚上回來，都是夜裡兩點。傭人都睡了，都是我母親等門啊。敲門有暗號，三次啪啪，就是我爸爸回來了。

岱峻：我感覺您對父親的評價，有些負面，可以這麼說嗎？

劉雨虹：你昨天說一句話，說看我的文章，覺得我對父親不太滿意，我當時沒有講話，後來想起來，對，有一點。為什麼？我沒有辦法說出來，我父親抽大煙，對吧，在我們的觀念裡頭，抽大煙都不是好事啊。可是我父親他們那個時候，抽大煙是時尚，很多人抽大煙。等我們十幾歲的時候，感覺家裡有人抽大煙很丟臉，所以很難講。現在想起來，小時候客人一來啊，就在我父親書房抽，書房有個床，大家躺在上面抽，抽煙還有講究，那個煙槍啊，那個嘴都是玉做的。

岱峻：抽大煙，喝花酒，娶小老婆，這都是您不滿意的地方？

劉雨虹：我父親娶小，怎麼娶的？才可笑。聽說出差，晚上住一個地方，聽到隔壁有人哭，就派那個勤務兵去問，半夜三更哭什麼啊？說這一家欠錢，欠人家六十塊，還不了，人家來逼，簡直都要上吊了。我爸爸聽說為了六十塊逼人上吊，我父親就講，這樣吧，六十塊我替你還了吧，你不要半夜在這裡哭了。那一家就講你既然替我們解決困難，我女兒就給你，這就進了我們劉家了。

馬宏達：您父親當封丘縣議長做了幾年？

劉雨虹：幾年我不清楚。當議長以前，抗戰的時候黃河改道，黃河西邊就是中國國軍，我們的老家是在河那一邊，他在這一邊有一個中央訓練什麼的機構，我記得是管那個的。訓練人到敵後，因為大片土地還是我們中國人的嘛，所以訓練人到敵後，是做這個工作的。

岱峻：那您父親要算什麼樣的官階？

劉雨虹：他沒有什麼官階啊。

岱峻：議長？

劉雨虹：議長那是後來的。

岱峻：他帶勤務兵，那應該有個官階啊？

劉雨虹：不知道。後來不是抗戰的時候黃河決口，後來抗戰結束以後我回河南，我知道我爸爸是黃河堵決口工程方面的人，決口不是要堵缺口嘛，我爸爸是學工程的嘛，我也不知道，可是從前他就常常出差，出差幹什麼，我記得有一次做洪河汝河（疑為淮河支流）測量隊隊長，那也是政府的，後來，那個國民黨時代管你學什麼的，有時候也是政治需要，讓你做這個做那個。

馬宏達：做特務嗎？

劉雨虹：不是對付共產黨，好像是安撫老百姓的這一類的，綏靖公署。

岱峻：我估計您父親是當時淪陷區和國統區之間的曖昧地帶，他得兩邊維護，既維護地方治安，敷衍偽政權，還得維護中央，因為他到底算是國民黨的縣級政權。

劉雨虹：對，是國民黨系統的。

馬宏達：他做議長是在封丘吧，之後做這個綏靖公署？

劉雨虹：他給我寫信，宏忍師看過。他說一定要他去做，他不想做。綏靖公署，我父親給我的信在哪裡？

宏忍師：我來找。

雨虹二女：於仲秋節前一日由新鄉到省，述
鄭州女孫姐晤面，已來其到京情形，並說
吳之病症尚未痊癒，甚為系念。吳之
縱然著實較早，其內部機構組離健
全之期尚遠，智慧啟發，須聽其自然，
決不能責令運用腦力心力有所損耗，
吳之之症以理推之，大約是由於使用精
神過早，內部損耗所致，以後應注意此
點，另謀休養補之。所謂休養者，亦非

1946年9月24日劉孝齋先生給二女兒劉雨虹的信。

劉雨虹：那個時候抗戰勝利已經很久了，不是黃河花園口決堤堵口工程嗎，好像我父親也是參與的，結果他們城裡要成立綏靖公署，那時候我跟父親，有時候過一陣都會彼此來信嘛，他就說現在要成立一個綏靖公署，他說要他來負責。

岱峻：是新鄉嗎？

劉雨虹：好像是。

一九四六年九月二十四日，劉孝齋先生在給二女兒劉雨虹的信中寫道：

> 此次十二綏靖區（註4）在新鄉召開綏靖會議。黃河南北廿多縣之參議長均參加。最後成立一綏靖總經理委員會，設常務委員會五人。父被推為常委，此後應常住新鄉。你諸叔嬸均在老家照常度日，勿念。（註5）

（註4）十二綏靖區轄鄭州、新鄉、安陽。

（註5）據劉雨虹提供的書信原件摘抄。

岱峻：我看你爸爸很愛您的，什麼事都由著你啊。

劉雨虹：我父親從前那個時候什麼事都允許我做，做這個事，做那個事，那我們就在外頭念書，是這個樣子。所以可以這麼說，我一輩子沒有受過窮，我到延安最困難的時候，我父親也經常給我寄錢。抗戰時候有時候來不及，青黃不接的時候，很多學生很苦，接不到家裡的人供給，對吧，所以我的運氣還蠻好。那麼後來我不在成都了，又跑到西昌去念書，反正我不管幹什麼，我父親很開明，沒有說你不許這個，你不許那個。我告訴你，我們兄弟姊妹三個，我爸爸最喜歡我。

岱峻：他為什麼不像您爺爺那樣重男輕女？

劉雨虹：因為我爸爸，那是北伐時代，那個河南，軍人過來過去，一下這個，一下那個，結果我爸爸的朋友來就討論，我們住的是四合院，有一排房子是客人來住的，我們住的這一邊五間房子，我爸爸的書房在我們這邊，他的朋友來了就在書房，我就躲在書房外邊，偷聽他們講話。有人問我爸爸，你這幾個孩子，你最喜歡誰啊？我爸爸就說最喜歡老二。我聽了心裡很高興啊，那也是人與人的緣份。我姊姊很沉默寡言，我弟弟還小，我弟弟小我兩歲，那時候我十二三歲吧，是這樣，所以我父親最喜歡我，後來我要幹什麼，我父親從來沒有反對過。抗戰我要出去參加，我父親也不說話，反正我做什麼他都不反對。

岱峻：我看幾個事，你父親是很愛你。

劉雨虹：跟我算有緣，跟我姊姊無緣。所以後來他娶了姨太太對我們也很好，大家相處也算是不錯。抗戰的時候我在四川，去飯館吃飯，要提一堆錢去，正吃的時候飯館漲價了，一碗牛肉麵原來十塊，吃了一半改個條子貼上，改成十二塊，抗戰的時候是這樣啊，天天貶值，所以你說有多少錢有用啊。我父親抗戰以前在銀行裡存了五千塊，那很多啊，說我這三個孩子——我下面還有一個弟弟，我這三個孩子長大，是要去北京上大學的，都叫他們學醫，將來我們自己開個醫院，不求人。結果抗戰了，錢被銀行凍結，不能領，政府當時是這樣的，我爸的五千塊也凍起來了，八年抗戰勝利回來以後，貨幣貶值貶的，那個五千塊拿出來等於當時的一百塊啦。

馬宏達：那時就金子有用。

劉雨虹：對啊。所以我們在臺灣時，我對老師講，我認為錢不要都擱銀行，我買有金條，我家裡存的有一個月的糧食，有米啊，麵啊，什麼的，沒有一個月也有半個月吧，以備應變。老師說對、對，應該這樣。所以我們那個時代是這樣的。因為忽然一出問題，店舖關門，你怎麼辦，家裡什麼都沒有就餓死了，對不對。因為我們是經過變動的，經過這些災難，老師也是經過的，所以就曉得這個重要，不像現在，現在給你一停電，你不是也完蛋嗎。

岱峻：您知道父親的下落嗎？你們一家都去了臺灣，他為什麼不走？

劉雨虹：據說，解放以後，我父親是被地方上共產黨槍斃的，這是後來我見了我姨媽以後，她告訴我的。槍斃以後，我姨媽就到街上罵共產黨啊，這些共產黨也不敢講話。

據中共長垣縣委黨史辦公室編《中共長垣縣黨史大事記一九二七～一九四九》記載，一九四七年冬，國民黨河南省長兼保安司令劉茂恩任命趙振廷（長垣縣黃陵集人）為「豫北剿共總指揮」。他在省參議員劉孝齋協助下，潛回長垣縣黃陵集一帶發展農村武裝「白槍會」。至一九四八年二月，會員發展到一萬餘人，遍及一百多個村莊。一九四八年二月，中共冀魯豫軍區四分區舉兵平息了這場「叛亂」。（註6）

——劉紹庭（字孝齋）先生不知是不是喪生於此？

岱峻：我看您的講述，有時候您說是姨媽。

劉雨虹：姨媽就是我爸爸的姨太太。她嫁給我父親以後，到我們家裡來，她對我們非常好，我們也很喜歡她，我母親也不排斥她。

岱峻：我看您對她是很同情的，她的一生很苦，等於被賣了兩次，當時

（註6）中共長垣縣委黨史辦公室編，《中共長垣縣黨史大事記1927~1949》，1985.12，第88頁。

是因為吃不起飯，然後您爸爸去關愛她，去施捨，然後那家人實際上是把她賣過一次了，然後您父親過世以後，她又嫁人，等於又賣一次。

劉雨虹：或許不是她家賣的，是因為我父親過世了，她還在我們家，我們自己本家。後來她在我們家裡住，我們劉家的人心想，你先生都死了，你還在我們家算老幾，結果她有一天出門，就把她的屋子拆了。所以，我們劉家的人也不好。她一看沒有辦法，只好回上蔡。

岱峻：您對您姨媽很好。

劉雨虹：對。我這個姨媽人不錯。當時，我媽害怕，萬一她以後生幾個孩子，會跟我們搶財產。但她沒有生。我父親死後，她只好又改嫁別人。後來，我打電話回去找她，他們又不說。我一回家就聯繫她，我父親的下落我要知道嘛。一九八九年我到了開封，派人找她，然後她連夜搭火車來了。半夜十二點到旅館來找我，見面了，我還給她金戒指啊給她錢啊，她比我大四五歲，那一年我六十八歲。所以大家庭啊，是非恩怨你分不清，說不清。

馬宏達：後來改嫁之後她有沒有生孩子？

劉雨虹：沒有。那個時候小老婆沒有地位的，吃飯她們站在旁邊耶，不能坐下來。結果有一年，大陸兩岸剛剛「三通」的時候我不是回來了嗎？我回家，我三叔的姨太太，因為我三叔沒有兒子，後來就娶小，那時候小的位置很低，結果我吃飯，她都不敢坐桌上，那個時候還這樣，不像現在小三很厲害，時代不一樣。

岱峻：有一個遺憾的事情，就是她不知道您父親究竟埋葬在哪裡，實際上是當地人新修一個墳，然後隨便一指，我估計當時就沒有好好埋。

劉雨虹：當時是政治原因被逼死的，後來我就沒有這麼講，我怕引起政治的問題。他本來是我們縣裡的議長，他作議長很公正，得罪人啊。好了，共產黨一來，他們就起來對付他，硬說他是國民黨特務，哪裡是特務，他死不承認。然後把他槍斃了。第二年我又回開封，以後我聰明了，我住那家旅館，我說我要找人，旅館的人告訴我你找統戰部吧，結果我找統戰部，一夜就給找到。我父親最後沒有進祖墳，只在田裡挖個四丈深的坑暫時埋，說等我們將來回去以後再把他入祖墳，始終沒有入。後來我回去，要上墳給我爸爸燒個香吧，他們在這個地上搞個新墳，那個地是種莊稼的。他們就說，因為他的死在共產黨記錄裡是有罪名，現在你回來，要把他翻過來啊。

岱峻：找到那個地方沒有？

劉雨虹：知道那個地方，我們家人做了記號。所以還帶我去看過，我也看不見，他們就在上頭新修一個墳給我看一看。後來我又三次來到大陸，沒有用，因為說要證明他不是特務，時間太久了，找不到證人，跟他同時、能證明的人都不在了。後來回臺灣，住我二樓那個周太太勸我，既然已經那麼多年過去了，再找也沒有意義了。我心裡想不算了怎麼辦呢，對不對？為了這個事我跑了好多趟，花了不少錢。所以說時代的變動個人有很多無奈啊。

一九七三年，劉雨虹在散文〈心淚〉的結尾處寫道：

> 無情的歲月流轉，父親去世已經廿年了，他從來沒有知道我為什麼會改變，此生此世，我也無法告訴他這段真情。在人生的旅途中，任何潮汐變化，是喜是憂，都會使我心中湧出了思念的淚；每一次回顧童年往事，都不免升起了心中似海之深的懺悔。

天地悠悠，滿懷無限的思親之痛，和永無窮盡的感恩，只能藉著那縷縷的香火繚繞，向遙遠的天邊寄送！（註7）

岱峻：這是一個大背景，這真不能怪劉家的人。

劉雨虹：對啊，時代的關係。

岱峻：那個「鎮反」的時候，鎮壓一切反革命，剷除舊政權的基礎啊。那時正是韓戰時期，那是一個大的時代。

馬宏達：後來您的那些叔叔們都怎麼樣？

劉雨虹：我父親五弟兄，就他念書，別的都不念書，所以我們家裡田地很多啊，都是自己種，找工人來幹，否則的話閒著沒事幹。後來我有個五叔，可以說年歲像我爸爸的兒子，差二十歲，結果一天到晚外頭欠帳，為什麼？人家知道你家裡有錢，賭桌上有人會替你還，他就欠帳，結果誰也管不

（註7）劉雨虹，〈心淚〉，《人文世界》三卷五期，民國六十二年七月。

土地改革時期發行的郵票。

了他，沒有辦法啊，就到開封把我爸爸請回去管他。聽說我爸爸回去了，他太太說他在屋子裡要上吊。他是裝的嘛！

馬宏達：家裡後來很有錢啊，有土地，但解放後未被共產黨劃為地主，評定為富農。為什麼？

劉雨虹：因為地沒有放租，幾百頃土地就是我的那些叔叔自己僱人種，放租出去才叫地主。他們的孩子不多，然後也不大努力，就是平庸嘛。家裡土地很多，這些人在家裡地不出租，請工人，他們就在家裡玩。只有我四叔的一個兒子，後來兩岸通了以後我回過家嘛，我說你做什麼工作啊？他說是中學學校的領導，我說什麼叫領導？

馬宏達：那可能是學校的書記之類的。其他人都平常吧？

劉雨虹：其他的人平常。

馬宏達：解放以後，富農的土地都歸公了吧？

劉雨虹：對的。可是他們後來還不錯，都有樓房啊。那一年我回家，祁立曼跟我一起回去的，幾家人輪流請我吃飯，都差不多生活過得很好，還跟我講，讓我給他買什麼耕田機啊。我說你們用電視機十幾吋，我用六吋的電視機，他們都很有錢啊。一講臺灣，他們心裡想說當初共產黨清算我們。我說我在臺灣，因為我有家人在共產黨那邊，所以我也受罪啊！

岱峻：當初你們劉家人對您姨媽不好，他們覺得好像鳩佔鵲巢的意思，就要把她趕出去。

劉雨虹：他們那樣對待我父親那個姨太太，我這個姨媽，我覺得很不應該。有一次他們講，那時候南老師還在，給我通電話，說他們大家來看我，吃住自己安排，讓我完全不要操心，後來我就講你們不要來了，我想回家去看你們。所以，他們沒有來，我也沒有回去。

馬宏達：好像您上面，還有個哥哥是嗎？

劉雨虹：我原有一個比我大十二歲的哥哥，跟我五叔同歲。我姑姑帶著一個弟弟，一個姪子在外頭玩，他兩個打起來了，結果我姑姑偏向他弟弟，就把我哥哥一推，推到池塘裡。從前池塘多髒啊，小孩害怕嘛，驚嚇又喝了這些髒水，夜裡就發高燒。可是鄉下，要等到天亮才派人去請醫生，醫生請來開個方，還要跑到縣城去抓藥，藥還沒有吃就死了。你想我母親痛苦不痛苦啊？我父親還在開封念書呢！我母親傷心就哭，每天飯也不吃，太痛苦了，結果家裡就請醫生來看，看了以後說，孩子丟了傷心，必定要再懷孕，再生孩子，病才會好。換言之，就是要她跟先生團聚啦。我祖母一聽，就把我母親送到開封跟我父親團聚，然後又過了一年才生了我姊姊。

後來生了我姊姊以後，那很寶貴了，因為孩子丟了，又生了一個嘛，寶貴啊，又在開封，又比較有錢，就給孩子吃餅乾什麼的，一點營養也沒有，就買外國這個餅乾，認為貴的都是好的。後來過了一年又生我，又生個女的，覺得多餘，很討厭吧，只給我吃地瓜，結果地瓜的營養比餅乾好。一個人的命運，你說這個怎麼說，同樣的孩子。所以我姊姊一輩子，幸虧是學醫，她會照應自己，還沒有怎麼害病，但身子弱，沒有勁。我們小的時候吃飯，她來飯桌拿一點飯菜，回到臥房躺在床上吃，一天到晚，就是一點勁也沒有，但也不害病。

第三章　童稚到花季

馬宏達：您母親懷您姊姊的時候有沒有吃上千個雞蛋啊？

劉雨虹：因為跑到開封去了，吃的比較不同，只有生我的時候大概吃五百個雞蛋。

馬宏達：沒有吃那麼多雞蛋？

劉雨虹：生我的時候是在鄉下。後來我問母親，我說你吃一千個蛋，她說全家都在吃耶。我說你至少吃五百個吧！早晨一碗稀飯打六個荷包蛋。

馬宏達：我小時候見到鄰居家坐月子，一天吃二三十個雞蛋是常有的。

劉雨虹：對啊，因為雞蛋最便宜。

馬宏達：所以我們那裡鄰居生孩子，我們都送雞蛋。

劉雨虹：我脾氣暴躁，據說在我吃奶的時期，整日哭個不停。凡是認得我的人，一致認為我有問題。可能是我在家中製造的麻煩太多，所以在我滿了兩歲以後，就專門僱了一個老媽子，陪我進幼稚園。

馬宏達：您說當年小的時候，正好是受五四運動影響的時代氛圍。

劉雨虹：五四運動是民國八年，我是十年出生的。五四以後兩個問題，就是德先生跟賽先生。我兩歲上幼稚園，我說過這個事，你聽過嗎？

馬宏達：德先生是民主，賽先生是科學。

劉雨虹：對啦！德先生跟賽先生。一九二三年，在離我家不遠的地方，開封師範附小開辦了一個幼稚園，初次招生只有十來個兩三歲的小幼童。開封第一次試辦幼稚園，我不知道誰把我報了名。我兩歲上幼稚園，不會自己走，要人抱去。幼稚園那些孩子，兩歲、三歲，四五歲，還有七八歲的。後頭坐了一排老媽子。老師在講課，後頭那些老媽子又講話，聲音比老師還大。說吃點心了，上課說什麼也不知道，唱什麼也不知道，吃點心一小塊蛋糕，吃完了點心回家，學生都走了，這個老師上課也沒有學生了。可笑的是，幼稚園派校工挨家去請，請回去繼續上課，你看看是不是天方夜譚啊。

我小的時候淘氣，兩歲時教室那個情形，現在我還記得。我天生愛動，大概四歲五歲的樣子，我就在院子裡自己跑，跑得很熱，冬天，我就坐在那裡，然後把棉襖也脫了，搧扇子，結果有人進來就說，這個孩子是不是瘋了，脫了棉襖，然後自己搧扇子。

馬宏達：說明小的時候您那個身體特別好。

劉雨虹：上幼稚園，只記得吃點心那個印象。後來沒有再去，幼稚園念不念沒有關係，只是花錢在那裡玩。其他十幾個學生，大概後來也都不去了，幼稚園辦不下去了，本來是試辦。我在家裡玩啊，又喜歡跑，有一次摔了，頭碰到了門上那個鐵環，就流血，我還記得，也不知請西醫、中醫，什麼藥棉粘在那裡，我不記得痛，每天來跟我換藥，現在頭上還有一個疤。

岱峻：劉老師您一上學報名用的是什麼名字？

劉雨虹：劉雨虹啊。

岱峻：一開始就是這個名字，沒有變過？您父親取的名字是這個名字嗎？

劉雨虹：不是，原名叫劉雨琴，後來我說這個琴太難聽，有點像從前唱大鼓的。我姊姊叫劉雪琴，那麼為什麼我叫劉雨琴，因為生我的時候五月，本來天乾地燥，結果下了十八天的雨，結果就給我取個名叫劉雨琴，後來我自己就改成劉雨虹。

馬宏達：還有其他好玩的事嗎？

劉雨虹：我在開封上小學的時候，開始用美國的那個叫作道爾頓制的教育方法，現在美國還有這類學校。因為河南離北京近啊，五四運動很快就在開封影響起來了。我是讀開封師範附屬小學。

何為道爾頓制（Dalton plan）？二十世紀初，美國教育家H.H.派克赫斯特在麻塞諸塞州道爾頓中學所創的一種個別化教學形式，故以此為名。其原則主要有兩條：一是自由，即學生在身心方面都能自己計劃自己的事情，自己克制自己的活動，以此培養學生自我教育的能力；二是合作，即打破班級界限，強調團體活動中的合作和交互作用，以使學生在民主合作的氛圍中得到發展。在二十世紀二十年代後，道爾頓制教學法傳入中國，在上海、北京、南京、開封等地曾進行過實驗。從一九三〇年代後，採用此制者就日漸減少。

馬宏達：那應該是開封最好的小學了。

劉雨虹：對啊，當時開封是河南省省會。開封上小學，學美國的道爾頓制，自我管理。正式上課以前，每天有一個自治會，學生自己選出來班長，犯過錯如何懲罰，都由自治會決定，每天一個鐘頭去搞這個事。因為我脾氣不好，有時候我會跟那些男生吵架。同學自己規定，遲到三次，就寫一個「懶蟲」，揹在你背上。因為我常常起晚，結果第三次，剛好我經過的路上失火，也有一個同學，從失火處往南走，我要經過那個失火的地方往南走，結果大家男同學一致同意，罰我揹這個「懶蟲」。我絕對不揹，男生把「懶蟲」那一塊布拿來，我一拳就把他打走。老師在旁邊看到不講話，同學沒有辦法解決，就叫老師評論。老師認為你們這些人都不公平，因為老師看得很明白，我經過火場，硬要規定算我遲到，那是你們不公正。

馬宏達：民主自治無形中又變成另一種專制。

劉雨虹：對啊，變成男生聯合對付我，我為什麼要揹這個「懶蟲」啊，我就不揹。

馬宏達：老師說不公正之後呢，他們聽老師的啊？

劉雨虹：那幾個男生又說老師偏心。後來老師還說，男生欺負女生。誰敢欺負我啊，那我反抗不得了啊。後來我四年級轉學，有一次，跟男生鬧意見，又要老師評判。老師說，劉同學剛來學校的時候，全班五十幾個人，她月考倒數第七，第二個月，馬上進到正數第七了，所以她是很努力學習的一個人，大家不應該有偏見。我這個人就是這個性格，肺氣旺，肝氣受壓迫就不舒服，所以有時候脾氣大就因為這個。

十一歲那年，我看《聊齋》，當時是躲在被窩中用手電筒照著看的。越看越害怕，因為那時的瞭解，鬼就是鬼，所以害怕。上小學五年級了，學校常作文比賽，前三名獲獎學生給禮物。結果那一次評出來，我是第二名，第二名有兩人，校長發獎品給一二三名，把第二名的獎品給了那一個人，把第三名的獎品給我。他以為沒事，小孩好對付。到後來，我在學校裡玩啊，老師就派個工友來跟我講，趙老師叫你寫篇文章參加作文比賽。我說不寫，心裡想，上次獎品都沒有給對。老師再叫他來跟我講，我說不寫。工友跟我講，老師說一定要我寫。我說不寫不寫就是不寫。老師一聽啊，好！派工友到家裡請我爸爸來。我在院子裡玩，一看爸爸來了，到教員休息室，後來同學就跑去旁邊偷聽，聽老師講，這個劉某某脾氣暴躁啊，又是怎麼樣。你猜我爸爸怎麼說？唉啊，我這個孩子脾氣壞，我天天日思夜想，看怎麼能使她改變啊。我爸爸只是這麼講。我心裡想，要是一般家庭，不打你一頓也要罵一頓，但我爸爸看見我就不談這個事，好像沒有去過學校。

馬宏達：然後呢？到頭來也沒有寫？

劉雨虹：當然不寫啦。所以教育問題很複雜的，每個孩子個性不一樣。那時，男生都恨我，因為男生欺負女生。譬如我是男生，她是女生，我不小心筆掉地上了，妳給我撿起來，女生就得替他撿起來。那個時代是這個樣子的。我愛打抱不平，看那個男生欺負人，他要是給我來這一套，筆掉了讓我撿，誰跟你撿，你自個兒撿。所以那些男生都恨我，後來自治會判定說我算遲到，老師就罵他們，你們自己想想看，你們不公平，做人不應該這樣啊，男生說老師偏心，所以我就是「照人依舊披肝膽」，才不怕。所以人的個性沒有辦法，我的八字水少，金太多。

岱峻：您說的這個是哪個學校，是個別現象吧？

劉雨虹：不管哪個學校都這樣，在家裡也是這樣。不是有一天一個人講，兩個姊姊等於是他家的傭人，生了一個兒子就是比天還高，姊姊都是家裡的傭人，倒楣事都讓女孩做啊，因為你們沒有生長那個環境你們不知道，真是如此。

馬宏達：學校也是一個小社會，不公平的話會帶來問題。

劉雨虹：那個趙老師也很了不起，他說不要因為不合你們的意見，你就來攻擊她。

馬宏達：剛才說道爾頓是民主自治的這一種教育方式，理想是好，實際做的過程當中，很容易發生這種多數人欺負少數人的情況。

劉雨虹：對。據說美國現在還有道爾頓學校。假如完全聽任這個制度，那就成問題了，是吧？幸虧學校老師主持正義啊。記得是我小學二年級的時候，那天老師看到大雪，看到孩子們興奮的模樣，就說了一個笑話給大家聽。他說：一個有錢人家，四個人在客廳飲酒賞雪，有一個人提議作詩詠雪，每人說一句。第一人說：「大雪紛飛滿地」，第二人說：「都是皇家瑞氣」，第三人說：「再下十年何妨」，這第四人正在猶豫如何接下去時，忽聽院牆外一個叫花子接了一句：「放你媽的狗屁」。孩子們聽了都大笑起來。老師停了一會兒又說：我們在屋子裡有火烤，有棉衣穿，又可以賞雪；但是不要忘了，外面有多少挨餓受凍的人啊！……

岱峻：您逃婚的時間可能是一九三五年左右吧？

劉雨虹：逃婚沒有具體的時間，因為那個歲數不會逼你結婚，就訂婚這個事，可以不理它，自然就沒有了，是這樣的。

岱峻：那是什麼時間？

劉雨虹：初中一年級。

岱峻：那大概是三四、三五年。

劉雨虹：是啊，所以我上初中，同學說你訂婚了，你不害怕？我說我怕什麼，誰也不能把我押到花轎上，就算來了，我說我坐在轎上，半路上我逃出去，我覺得很好玩。

馬宏達：初中也是在開封上的嗎？

劉雨虹：開封女中，最好的中學。

一九三四年，劉雨虹就讀的開封省立女子中學，位於開封穆家橋街，創建於一九一九年，最初是由美國來華傳教士出資創辦。一九二四年，被河南省教育管理部門接管，更名為河南省第一女子中學。一九三三年，再次易名為河南省立開封女子中學。

劉雨虹：九一八以後，那些東北學生跑到開封，一邊唱這個歌「泣別了白山黑水，走過了黃河長江，流浪，流浪……」，一邊在那裡哭。我們大家也跟著哭，我們覺得好可憐啊，最後一句「爹娘啊」更令人心酸。

馬宏達：面對這一種狀況的時候能怎麼辦呢？

劉雨虹：所以我們那個時代的人啊，我們是很小，比我們就算大或者再小一點的人，對於日本人確實是很仇恨。

開封女子中學校長魯鴻謹，思想進步，治學有方。教務主任陶次如是一位共產黨員。一九三五年「一二•九」運動爆發，開封大中學校學生成立學生救國聯合會（簡稱學聯），開展罷課宣傳，舉行愛國遊行，到省政府門前示威。開封女中學生在河南大學師生帶領下，到省政府（當時河南省省會在開封）與省主席商震進行談判。此後這些學生又到開封火車站臥軌請願，堅持四天四夜，學生住在火車車廂裡，吃著商界送來的餅乾、麵包，吹口琴、唱歌，隴海線為之斷絕。《河南民報》這樣報導：「男女同學精神盎然，自晨至昏，凝立車站，寒風砭骨，不稍為挫……天寒地凍星滿天，鴉雀無聲月臺眠，精神之佳，令人肅然起敬。一九三六年爆發西安事變，開封女中抗敵後援會分會成立，下設宣傳、戲劇、總務等部門。女中校園裡響起〈在松花江上〉〈五月的鮮花〉等救亡歌聲，學生組織起來演出〈放下你的鞭子〉等劇。

岱峻：上了初中就遇到一個大時代。

劉雨虹：抗戰前就開始鬧啊，五月的節日，五四運動，五卅慘案（一九二五年上海），五三慘案（一九二八年濟南），蔡公時被日本人割鼻拔舌挖眼睛……整個初中時代，都是中國受日本侵略。那時候共產黨開始活動，差不多要開始抗戰了。然後國共兩黨合作，就是合合分分嘛。上了初中，難得回老家一次。

一九三五年冬天，北平爆發「一二．九」愛國學生運動。一九三六年十二月十二日西安發生張學良、楊虎城逼蔣聯共抗日的事變。十二月二十五日，在中共中央和周恩來主導下，以蔣介石接受「停止內戰，聯共抗日」的主張而和平解決。

岱峻：那時有句話，「華北之大，安不下一張平靜的書桌」。

劉雨虹：就是。讀書會你聽說過沒有？要我也參加，他們都是共產黨啊，我不是，結果參加了一次以後，他們也不要我了。

馬宏達：為什麼不要您呢？

劉雨虹：不知道。大概我跟他們不一致吧。我跟你講，九〇年我第一次回到北京找這些人，當年跟我一塊的人，他們都比我大，所以現在都不在了。七七盧溝橋事變時，我剛考上高中。等到上高中的時候，抗戰開始了。我參加抗日宣傳隊，就去前方和後方，宣傳告訴老百姓這次不是內戰，這是外國侵略，要奮起抵抗。我們那個團裡頭的人多數是共產黨。

一九三七年七七事變爆發，在開封，一個由河南大學師生領頭，包括開封女師、北倉女中、開封女中等校學生為主體的抗日救亡組織抗敵訓練班成立。由部分學員組成的抗敵訓練班服務團，到朱仙鎮、尉氏、鄢陵、許昌、舞陽等地農村宣傳抗日。一路上唱歌，演講，出壁報，演戲劇，中原腹地響起〈義勇軍進行曲〉的歌聲。一九三八年二月服務團改稱為戰教團，輾轉遂平、信陽、潢川、商城、光山、羅山、固始、息縣等地。跋山涉水，忍饑挨餓，發動群眾，點燃救亡烈火。有開明人士稱讚他們「英勇奮鬥如猛虎，天真爛漫似幼兒」。

岱峻：高中開始，你們就徹底不讀書一心搞革命了？

劉雨虹：到了冬天，前方不斷失利，大家人心惶惶，書也唸不下去了。這時聽說有人組織抗敵宣傳隊，要到接近前線的地方，對老百姓宣導抗日。因為窮鄉僻壤地方的老百姓，很多不知道打仗是抵抗日本人的侵略，還以為是軍閥內戰呢。我和另外三個女同學，參加了開封抗敵宣傳隊第一隊，我們的隊長名字叫梁田，湊合了六個女生、八個男生組成了這一隊。我們都糊里糊塗的。當時全隊中我的年紀最小，只有十六歲，其他的隊員有河南大學的，開封師範的，以及別的學校的，都是愛國的熱血青年學生，年紀最大的也只有二十多歲。父親一向對我寬容，對於遊行示威臥軌這些事，他只說了一句話：「領頭鬧的是敢死隊，當炮灰的」。不過，我輟學參加抗敵宣傳隊之事，他沒有反對；不但不反對，還對他的朋友說：「我的女兒才十六歲，都到前方去了，你是黃埔軍校四期畢業的軍人，你怕什麼啊？」因為這個人被調往前方，他害怕，很不想去。

王愛華：你們是往牆上刷標語嗎？

劉雨虹：不光那樣，我們的工作上午外出訪問農家，下午演街頭劇，唱愛國歌曲。當時最火紅的劇是〈放下你的鞭子〉；最主要的歌就是〈義勇軍進行曲〉。可笑的是，到了臺灣之後，這個歌不許唱了，因為已經變成大陸的國歌了，直到兩岸和解才再解除管制。我們宣傳隊很多人，隊長和好些隊員都是共產黨。到了一九九二年，兩岸已互通往來，化敵為友了。我到了北京，輾轉聯絡到一些老隊友，五十多年後大家終於再相逢。見面我第一句話就問他們：「當時你們是不是共產黨啊？」他們齊聲說：「我們早就是黨員了」。隊友主要是河南大學的，其中有一個人筆名張煌，是我們的隊長，後來做過共產黨的大使在巴西；還有一個叫祁俊，當過建材部副部長；劉影，書法家，曾任北京人大祕書；黃葯，國際廣播公司退休，她的丈夫左熒（王文星），也是我們的隊友，去世前曾任北京廣播學院黨委書記。另外隊友孟大可也已去世，蕭檬在上海四明醫院工作也退休了。我那個時候十六七歲嘛，他們都二十幾歲了。他們的資料可以查出來。

祁俊（一九一二～）河南省固始縣洪埠鄉龍港村人。抗日戰爭時期，一九三八年輾轉千里奔赴延安，先後入抗大、魯藝學習，後任陝甘寧邊區軍二局陶瓷廠廠長等職。解放戰爭時期，調往東北哈爾濱軍二部和大連某校工作，曾任大連某校教務處長等職。中華人民共和國成立後，歷任東北工業部建材局副局長，國家重工業部建材局副局長，建材部建材局局長、建材院院長。一九七九年後任建材部副部長。毛澤東逝世時，任國家建材部玻陶局局長，負責領導毛的水晶棺的製造。

張煌，本名張德群（一九一四～一九九九），化名張煌、張琦，何啟光。一九一四年生於河南省羅山縣青山鄉。一九三五年九月入開封省立第一高中就讀，受「一二‧九」運動影響，隨開封學生罷課，是開封學生救國聯合會糾察隊員。他走上街頭宣傳抗日，維護秩序，還到開封南關火車站，參加萬名學生的臥軌請願。一九三七年十月，張德群參加開封救國流動話劇團，去豫北演出，十二月由王錦福介紹加入中國共產黨。一九三八年初秋，已接受共產黨抗日主張的一戰區政訓處主任李世璋被革職，國民黨即以「審查」為名清除共產黨員。張德群奉命拒絕「審查」離開話劇團，化名何啟光在豫西堅持地下鬥爭。一九三八年開始，何啟光先後任汝陽工委書記、臨汝地委書記、澤東地委書記、豫皖蘇六分區地委書記、河南省淮陽地委書記等職。一九五二年何啟光恢復張德群原名，曾任駐古巴大使、巴西大使。一九九九年一月十一日因糖尿病併發症在北京醫院病逝。

劉影（一九二〇～二〇〇五），原名劉漢裔，字沛民，河南省開封市杞縣高陽鎮曹崗人。一九三四年秋考入杞縣私立大同中學。一年後轉入河南省藝術師範，是年冬，參加開封學生臥軌請願活動。一九三七年，在開封加入中華民族解放先鋒隊，從事抗日救亡工作。一九三八年赴延安抗大學習，並於同年入黨。抗大畢業後，曾任晉豫邊支隊唐天際司令員祕書、武工隊政委、中共水東地委敵工委員會書記、山東聊城土改工作組組長。一九五五年任北京

1995年3月13日北京，小學同學再相會，左起：劉雨虹、王啟宗夫人、黃灼、王啟宗。

市宣武區女十六中校長。一九八〇年平反昭雪後任北京市東城區人大常委會副祕書長。一九八四年離休。

馬宏達：他們是高年級的。

劉雨虹：也有河南大學的。

馬宏達：都是熱血青年。

劉雨虹：對。國民黨、共產黨聯合抗日的。後來我們抗敵宣傳隊搞了一陣子以後，因為裡頭有共產黨的份子，就被國民黨的一個組織，跑來突擊檢查，就把這幾個領頭的張煌、祁俊他們帶走了。

劉雨虹：有一些說法是意識的差異，實際上是扭曲。

馬宏達：歷史是扭曲的，我們學法律的人有一個概念，是「法律事實不等於客觀事實」，就是法律所認定的事實，和客觀事實是兩回事，真實的世界和歷史書裡面寫的肯定也是兩回事，大家口中的事情和真實肯定也有出入，每個人難免有主觀的角度立場，利益關係或者是記憶的差錯，這些都避免不了的。

劉雨虹：這些組織裡的人啊，不能說良莠不齊，就是說很多人還是為物質利益所驅動，也有些人開始不是，但後來開始更多考慮個人利益了，對吧？可是也有一些人他不這樣。我們抗敵宣傳隊有一個人後來做過建材工業部的副部長，叫作祁俊。按副部級配房子給他，他不去住，他就住在原始那個爛房子。

馬宏達：為什麼？

劉雨虹：他就覺得共產黨不應該那麼講究享受。

馬宏達：現在有很多投機份子、腐敗分子，因為坐了江山了，這也不是哪一個黨的問題。

劉雨虹：孫中山革命的時候，冒多少危險，推翻滿清啊！我告訴你才好玩，孫中山娶了宋慶齡，那個時候我上小學，學校裡不是有對聯嗎？上頭孫中山的像，上聯是「革命尚未成功」，下聯「同志仍須努力」。後來我們上初中的時候，大家就開玩笑，對聯要改一下，「宋氏尚有一齡；同志仍須努力」。有人說，美齡下面還有個宋妙齡，其實根本沒有。

馬宏達：當年有一個吳學謙，他死的時候很多人去參加葬禮。出來都反應，沒有想到一個中國的外交部長的家是那麼簡樸，所有的傢俱都是幾十年前的，一切都非常簡樸。

劉雨虹：我告訴你，像蔣經國家裡就幾個破沙發啊！

馬宏達：他天子他無所謂，別人要吃飯啊！

劉雨虹：他從來就是這樣，很簡樸的。蔣經國還沒有登位以前，每一個禮拜帶著隨從巡視。有人看他要來了，準備飯菜要招待他。他不吃，他說我還有計劃，就跑到外頭那個攤子上去吃小吃，與老百姓接近，這種領導人都是以江山社稷為重，不是圖個人享受。可是他有一個毛病——好色。香港影星歌星後來都不敢來，一個尤敏，這些都是老明星啦，一個叫葛蘭，是唱歌的，這兩個不來，其他來了無所謂。還有啊，一個劉什麼中將，也是黃埔一期的，後來他在金門，電影明星去金門勞軍，他就喜歡搞這個事，電影明星也逃不了啊，結果就有人告到蔣那裡，蔣介石是不搞這一套的，結果就把他喊來，說有人告你，說你怎麼樣。這個劉將軍說，報告校長，我就是喜歡這一套。

馬宏達：你們抗日宣傳，他們幹嘛帶走你們，不是合作抗日嗎？

劉雨虹：他們暗中還是提防共產黨。那個時候我們還在鄭州，突擊檢查，就把宣傳隊這幾個共產黨帶走了，把我們都帶到政治部收編，安置在那裡有吃喝沒事幹。

那時，國共合作尚未破裂。很多青年人認為，服務國軍也是抗日救國。據劉雨虹高兩年級的同學王華冰回憶：這時，我正在開封女中讀書。女中黨的地下組織，領導全校學生開展了聲勢浩大的抗日宣傳。我積極參加了這些活動，並於一九三八年初在開封女中加入了中國共產黨。當時，駐紮在開封附近的國民黨二十集團軍的總司令商震，出於民眾抗日激情和我黨抗日政策的推動，傾向抗日。因此，我們這批開封女中的進步學生都加入了他的部隊，並組織成立了「抗日救亡婦女宣傳隊」。在開封訓練一段時間後，即開赴蘭考縣，沿黃河南岸一帶的地方宣傳演出。不久，日寇進犯蘭考，我們只得又撤回開封。一九三八年五、六月份，我們轉到江西廬山一帶進行宣傳。一個多月後，又撤到長沙，後來還到過零陵。一九三九年春，我們「婦宣隊」隨二十集團軍司令部轉到桃源。（註8）

（註8）王華冰：〈抗日救亡婦女宣傳隊在桃源〉，中共桃源縣委黨史資料徵集研究辦公室編，《桃源星火—新民主主義革命時期》，1987。228頁。

馬宏達：什麼政治部？

劉雨虹：就是國民黨的第一戰區司令部的政治部。國民黨軍隊政治部就把我們養著，我們天天在那裡吃飯睡覺，這不行啊，那我們到延安去吧，那個時候國共合作嘛。三個人，一個叫孟憲勳（孟大可），我還記得，一個叫黃文賢（黃葯），這個黃文賢的舅舅是袁世凱，一個名人啦。我們不是共產黨，他們也知道嘛。我們年紀小嘛，後來我們就幾個人說這個太無聊了，那我們走吧！

第四章　去延安

馬宏達：你們這就走了，他們准許？

劉雨虹：我們沒有罪啊，他只說把我安置在那裡，我們想走當然可以走啊。結果，我和孟憲勳、黃文賢三個人結隊，大概從開封吧，坐火車到西安，到西安七賢莊那個八路軍辦事處去登記。

孟憲勳，也許很快就離開延安，回到河南，涉足金融業，一九四二年九月任河南農工銀行寶雞辦事處經理；一九四六年六月回到河南，任河南農工銀行鄭州市分行副經理。

1937年劉雨虹在開封女子中學的畢業照。

政權易幟後，信息闕如。

黃文賢，一九一八年生人，家在河南開封。到延安後改名黃炌，在延安陝北公學時與同學丈夫左熒（一九一七～一九八四）戀愛結婚。左熒在電臺工作，解放後為中央人民廣播電臺負責人和北京廣播學院的創建人之一。黃炌也在中央人民廣播電臺任職，一九八二年在國際廣播電臺華僑部主任位置上離休。（註9）

岱峻：劉老師，我分析您去延安，是不是可能有這些原因，當時抗日救亡壓倒一切。學校裡有讀書會，您有時參加有時不參加，但多少也會受到影響。

劉雨虹：我跟你講，我們學校裡頭的讀書會，裡頭多半都是共產黨，那我這個人啊什麼黨派都不愛。他們開了幾次會以後，就邀請我參加，我參

（註9）中國廣播電視年鑒編輯委員會編，《中國廣播電視年鑒1988》，北京廣播學院出版社，1988.12，第517頁。

加了一次，我的發言跟他們不太符合，他們就不要我了。為什麼呢，你一參加，就要聽命於他，告訴你這個事要如何表態啊，受拘束。我不喜歡受拘束，他不要我正好，我也不想參加。讀書會後來有一個人，我不知道歷史查不查得到？陸惠年，後來解放以後我們見過面，我就問她是不是共產黨，她說我們老早就是共產黨啊，她的妹妹叫陸玉年，跟我中學同學，陸惠年是姊姊，我們中學的時候她比我們高幾班，陸玉年個子很小，我們班上排第二名，從矮排到高嘛。結果我一去大陸，她給我一個名單，就是這些人誰是共產黨，後來我丟了，沒有重視。

岱峻：還有一件事情就是王實味先生，他是您的英語老師。當時那麼一個開封女子中學有一個北大的高材生在那裡教書，他很受學生喜歡，而且他帶著女學生去延安，他的榜樣也影響一批學生。

王實味，一九〇六年出生於河南省潢川。十九歲考入北京大學文學院預科，年底發表書信體小說《休息》，表示：「我們青年的使命就是要用我們的力去搗毀一切黑暗的淵窟，用我們的熱血去澆滅一切罪惡的魔火，拯救砧危的祖國，改造齷齪的社會……」他在北大只讀了兩年，參加中共黨組織活動，結識女大學生劉瑩，由戀愛而結婚，一起到上海尋求發展。不久，劉瑩生下一對兒女，家庭生活成為累贅。不到三十歲的王實味患上肺結核病，在無錢養家的情況下，他不得不把妻小送到遠在湖南長沙的劉瑩娘家。

一九三五年，王實味執教開封省立女中，教外語。他風度灑脫，滿腹珠璣，一口流利的英語，又有多種文學作品和譯作問世，對青年頗有吸引力，尤其是女學生。開封女中學生高向明在〈我所知道的王實味〉一文中寫道：「他在課堂上情緒激昂，常在講完英語課後，發表對時局的議論。我們班有四十多名學生，絕大多數同學都喜歡聽他講話。他說：『這樣的政府，即令日本人不來，自己也會垮臺的。』……他的家屬在外地，他夫人偶而也帶著年幼的孩子來學校探親。但住不了多久又走了。抗日戰爭爆發後，他參加了由學校學生自治會組織的抗敵後援會分會。分會下設宣傳、戲劇、總務等組。他參加戲劇組工作，創作了一個題為《要落的太陽》的劇本。太陽旗是日本國旗，意思是日本侵華戰爭註定要失敗。此間，結識了河南大學教授范文瀾先生和很多地下黨員，所以一九三七年他又在開封重新加入中共。大約在一九三七年秋末冬初，有人在校園散步，聽到從校長朱紀章的辦公室裡傳出王實味和校長吵架的聲音。過了幾天，在學校就不見王實味了。」（註10）

此時，日寇氣焰囂張，沿平漢鐵路繼續向南推進，眼看就要渡過黃河。河南省省會開封朝不保夕。省級機關和學校紛紛撤離。開封省立女中遷往靠近湖北省的淅川縣。學校人心惶惶，教學已無人過問。因此，王實味以及其他師生的離去，不會引起大的注意。

一二·九運動後，開封女中學生，如高向明、馬彥、鄭織文、

（註10）溫濟澤等著，《王實味冤案平反紀實》，群眾出版社，1993.10，第89頁。

1935年前後，劉雨虹與初中同學王步涵（左）。

張乃一等一大批學生奔赴延安。據鄧高峰介紹，一九三七年，八路軍高級將領朱瑞在豫北新張一帶建立八路軍辦事處，對跋涉千里，前來要求參加八路軍的女生十分讚賞，並要求她們返回開封，多動員同學、青年一起參加抗日。那時，通過各種途徑到達延安的開封女中學生約有三十多人。

劉雨虹：我去延安跟這個也沒有關係。我不是有什麼理想，那個時候王實味帶領同學一走啊，這不是就不上學了嗎，我們就講學校要解散了，老師走了，學生也走了，我們也走吧！去參加抗敵宣傳隊。那時候對延安對共產黨都沒有印象。那個時候年紀小，就是亂折騰，根本沒有什麼理想，什麼目標。後來到了西安，一看八路軍招待所，管吃管住，反正有地方吃飯了嘛，就去了。

岱峻：那個時候西安辦事處的頭是不是林伯渠啊？

劉雨虹：這個我就不知道，年紀輕弄不清楚。

岱峻：我為什麼問林伯渠，我寫過一個叫朱明的，是林伯渠太太。當時也是一個女學生，一個女中學生，她是從安徽的蕪湖去那裡的，林伯渠當時就讓她去延安，就是組織做工作，然後她就想，他是一座橋，我要過河，我就得從這個橋上去。我就寫了這個事情，最後因為她揭發江青的事情，她寫了一封一封的祕密信。這些祕密信被公安部列為一號案件，最後一直查不出來。林伯渠過世以後，朱明給中央寫信，談怎麼解決丈夫的遺留事宜，這個信經有關方面一比對筆跡，正是當年要追查的人。最後是讓她服藥自殺，我寫過。

劉雨虹：我們英文老師王實味到延安去，帶了我們同班一個女學生一起。這個人的兒子現在大學教授，所以我始終不敢說出名來。王實味早期是共產黨，結果他後來寫那個百合花，野百合還是什麼百合，就是大鳴大放的時候，他真實說出來，衣分三色，食分五等，延安的等級制度，共產黨該怎麼改進。他真實說出來，結果，不是後來要命了嗎！我到了延安，王實味還來看過我，說共產黨怎麼樣好啊，他是共產黨員。

岱峻：我們去過延安。

劉雨虹：什麼時候去的？

岱峻：七八年前去的，去了找到關押王實味先生那個地方。

劉雨虹：他不是很冤枉嗎，因為太喜歡說直話，對吧？他是好意，希望你不要滋生腐敗，是這個意思。所以做人有時候不知道轉彎抹角也很麻煩。

毛澤東在一九四二年四月的一次高級幹部學習會上說：「王實味是托派。」一九四五年四月二十四日，毛澤東在中共七大的口頭政治報告中說：「如果沒有整風，黨就不能前進了。那時分歧達到這樣的程度：有一個王實味在延安寫了一篇文章叫做〈野百合花〉，很多人願意看。一九四二年春季中央研究院整風時出了壁報，那壁報受到歡迎，橋兒溝、南門外很多人都到研究院去看壁報，引起我也去看了一次。……當時我們沒有東西吃，王實味挑動勤務員反對我們，他像是站在勤務員的立場上反對所謂「三等九級」、吃小廚房，因為那時大廚房沒有什麼東西吃，其實小廚房東西也不多。後來我們用發展生產解決了這個問題。」（註11）儘管如此，毛澤東並無殺王實味的指令。一九四七年六月，中央社會部康生、李克農批准處死王實味。七月一日，由晉綏公安總局第四科在興縣祕密執行。（註12）一九四八年，當毛澤東知道王實味被殺之事

（註11）陳晉主編，《毛澤東讀書筆記精講》3文學卷，廣西人民出版社，2017年，318頁。

（註12）李維民，〈誰殺死了王實味〉，《悅讀》MOOK 33. 2013，褚鈺泉編。二十一世紀出版社，2013年版，163頁。

後，對身邊的工作人員發火，要「賠我一個王實味」。**劉雨虹**：那時候，王實味帶著一位小女生投奔延安。到了延安以後，這個女生已不再跟王實味好了。

戴晴在《王實味與〈野百合花〉》中寫道：「……王實味等不及，帶了六名女學生先走了。」王實味在開封女中教書時的學生薄平（後改名陳文斐，是王實味在延安時的妻子）回憶說，當年她與王實味在列車上意外相遇，只見到女中高中部的一名女生，坐在王實味的身旁。那個小名叫嫦娥的女生，到了延安，並未與王實味結婚。他又才轉而追求陳文斐。（註13）當時「延安男女的比例是『十八比一』，許多青年找不到愛人」（註14）。據知情者回憶：「林藍原名王嫦娥，出身於河南的一家大戶，家裡有錢有地之外也

（註13）王巨才主編，《延安文藝檔案．延安文論》第38冊延安文論家2，太白文藝出版社，2015年，405頁。
（註14）王實味〈野百合花〉。

有政治勢力，爸爸是（河南臨汝縣）縣長也是國大代表，到了臺灣……林藍的媽媽是他爸爸的大太太，林藍又是她媽媽的獨生女兒，她是那個大家庭中要風有風、要雨得雨的大小姐……我行我素的王大小姐據說是受了立波翻譯的《被開墾的處女地》和巴金的《家》《春》《秋》的影響，受她的老師王實味影響，離開她像電影佈景一樣的小資生活，跟著老師去了延安……」（註15）

岱峻：你們三人小組，直接就從八路軍辦事處，到了陝北公學？

劉雨虹：是的。我們會同先期到達的年輕人，經八路軍西安辦事處統一安排，極少人直接去延安，有的分配到三原青訓班，我和大部分人乘汽車到栒邑縣看花宮陝北公學分校。

（註15）周仰之著，《人間事都付與流風——我的祖父周立波》，團結出版社，2015.01，第159-160頁。

有當事者回憶初到看花宮的情景：

當看花宮隱隱約約出現在前方的時候，遠道而來的跋涉者禁不住歡呼、跳躍起來，恨不得一下子飛進村去。人們頓時忘記了疲乏和疼痛，個個甩開大步直往前奔，又一連翻過幾個山包，越過幾條大溝，才爬到原上，走到看花宮村前。只見村頭白牆上寫著八個大紅字：忠誠團結嚴肅活潑，這是陝北公學的校風。村子裡笑語盈盈，歌聲陣陣，一群青年男女從村口擁了出來，老遠就揮手高喊：「同學們，辛苦啦！你們的目的地到啦！」這是出來歡迎新同學的「老」同學，其實，說老也並不老，有的不過早來了兩三天、四五天。這裡已經彙集了從全國各地來的兩千多青年學生，而且每天還有新同學到來，多的時候一天就來一百三十人。（註16）

岱峻：栒邑縣的陝北公學分校，是短訓，或者像預科的意思。

（註16）胡安編，《中國革命歷史故事》5，中國少年兒童出版社，1981，第51頁。

劉雨虹：對，是收攏這些戰區來的學生。我們那個時候還小，上什麼大學。離栒邑縣城十幾公里的地方有個村叫看花宮，是校本部和女隊。男生住在坪林，是分開的。女生在這邊，男生在那邊。後來這些男生就天天不斷的跑到看花宮來找女同學，後來那個老師就講，從坪林到看花宮的草都是你們男生踩死的。他不說你們老來找女生，他說草都是被你們踩死。結果我們在那裡上初級部三個月。

看花宮，在栒邑縣城關鎮北十四公里，屬湫坡頭鄉。乾隆《三水縣誌》記，傳唐尉遲敬德植牡丹於此，名看花谷，後俗稱今名。有公路通銅川，距離延安一百五十公里。一九三八年四月底，中共決定在此創辦陝北公學分校，校長成仿吾坐鎮延安主持陝北公學總校工作，著重辦好高級研究班。李維漢任栒邑分校校長。為什麼選擇栒邑？當時，國民黨在西安去延安的路上設關卡、檢查站，堵截去延安的青年，導致道路險阻、困難重重；同時，因延安人口劇增，糧食及各種日用品供給緊張；而關中是陝甘寧邊區的南大門，土地肥沃，糧食較為富足。

李維漢曾回憶當時情景：

一九三八年五月三十日，開始了我們的行程。我們是分兩批走的。第一批約一百多人，出發的那天正好有一隊汽車。從延安到西安去，他們首先坐汽車到耀縣，然後步行去栒邑。我去分校是第二批，有四五十人，其中有袁福清、申力生、陳伯村、李凱、何定華、邱春甫、華子揚、吳景直、朱改、張煜、倪淑英、繆文等。我們從延安出發，一路步行，經過甘泉、郡縣、直羅鎮、店頭、關門子、羊坡頭、織田鎮，最後到達看花宮，全由解放區通過。每日行軍近百里，一個叫陳彤的女學員打著一面旗子走在前面，使隊伍顯得更為生氣勃勃。七月初，去分校的人員均安全抵達看花宮。看花宮據說是唐代楊貴妃看花的地方。這裡過去牡丹花很多，也有些古蹟。我們分校的校舍，全是借用老百姓的房屋，除校部和女生區隊設在看花宮外，其餘各區隊分佈在看花宮附近的平坊、門家、趙莊等村莊。教學用的桌椅、板凳及其他生活用品，都是老百姓借給我們的。七月七日，在抗戰一週年紀念日，陝北公學分校正式開學。我們接總校編隊，從第二十八隊開始，編到五十四隊。分校在組織上新建了區隊一級機構，每四至五個隊組成一個區隊，相當於部隊的營。區隊有區隊長、軍事副區隊長、協理員（相當於總支書記）。分校共有四個區隊：一區隊，地點在坪房，區隊長何定華，副區隊長李凱，協理員廖作華。二區隊，地點在門家，區隊長朱改，協理員李言。三區隊，地點在看花宮，區隊長申力生（兼），副區隊長趙志萱，協理員吳景直。這個區隊全部是女學員。四區隊，地點在趙莊，區隊長孫力餘，協理員萬波。（註17）

陝北公學學員在校學習期限很短，一般只有三四個月。經中共中央批准，陝北公學學員一律免交膳費，還發統一的土布灰軍裝。

（註17）李維漢著，《回憶與研究》上，中共黨史出版社，2013.03，第318頁。

生活津貼校長五元，科長二元，科員一元五，勤務、炊事員、學員均為一元。學員除了白天上課、晚上站崗放哨外，還要開荒生產，保證生活的需要。

這裡沒有教室、課桌、椅子、黑板等起碼的辦學條件。鄉村打穀場，就是學校的「露天教室」；學員們席地而坐，膝蓋就是「課桌」。寒冬臘月，兩腿凍得發麻，站立不起；炎炎夏日，個個曬得汗流浹背，腦頭脹昏。住窯洞，只有一個窗戶，空氣無法流通；六七個人睡在一個土炕上，又擠又悶。吃的是小米、窩窩頭，豆腐煮白菜，伙食標準每人三錢鹽四錢油，雖然不習慣，還真是吃得飽。蔬菜匱乏，有時還要挖野菜補充。但既知自己是來抗日的，吃苦即不可避免。陝北公學校風即「團結友愛、鬥志昂揚、樂觀向上和腳踏實地」。在這種風氣吸引下，一批又一批知識青年、文藝青年投入陝北公學，奔向延安。如作家馬加、秦兆陽、袁靜，詩人劉禦、聞捷、戈壁舟，美術家古元、石魯、李少言，音樂家時樂濛、

鄭律成，戲劇家李綸、魏晨旭、邢野、莎萊，電影藝術家成蔭，理論家毛星，以及作家茅盾的兒子沈霜等。（註18）

一位筆名「金諾」的當年學生，有詩紀實言志，其一〈練兵〉，一九三八年十二月寫於看花宮，詩曰：

日日課堂聽講武　朝朝操場大練武
男女老少文又武　赴戰殺敵揚威武
窯洞初映晨曦白　急登草鞋拔步發
北風如刀面似割　練兵場上習兵法

其二〈古風開荒〉，一九三九年三月寫於看花宮。其曰：

三月東風送遠征　百餘里外墾荒偏
背負行裝肩荷鋤　朝發夕至陝甘邊

（註18）中國延安幹部學院編，《紅色延安的故事——理想信念篇》，黨建讀物出版社，2016.10，第27頁。

漫山荊棘遍野草　狼嚎豕遁無人煙
織布開荒謀自給　勞動鍛煉志益堅
互助合作復競賽　鋤頭起落出良田
野火明滅進野餐　穴破冷月窺倦眠
今播小米齊流汗　他日豐收可支前

馬宏達：初級部教什麼？

劉雨虹：我也忘了上課講什麼，多半是共產黨怎麼的偉大，中國的歷史，日本人怎麼壞啦，就這些事。

陝北公學栒邑分校的教學內容，據二區隊三十三隊吳潤江（延安後改名吳特）回憶：「第一堂課開始上課時，就是請當時紅軍炊事員講革命人民軍隊紅軍是如何艱苦奮鬥克服困難打國民黨頑固派的，講當時革命軍隊在客觀條件上是非常困難的，主觀上是如何努力戰勝困難的，講了主觀與客觀的辯證關係。……上課時自己帶著小背包坐在老百姓的打穀場上聽課，教員也只有一張桌子，一條板凳，課程內容軍事課有游擊戰、運動戰、隊列訓練，政治課有政治常識、大眾哲學、群眾運動、科學社會主義等。經過三個月的訓練，軍政素質都有所提高。」（註19）

那時，女同學編為三十八隊，住在看花宮，其中也包括李維漢的女兒。那時，同學們天天都要唱成仿吾作詞，呂驥作曲的〈陝北公學校歌〉：「這兒是我們祖先發祥之地，今天我們又在這兒團聚。民族的命運全擔在我們雙肩，抗日救亡要我們加倍努力。忠誠團結緊張活潑，戰鬥地學習，努力努力；爭當國防教育的模範，努力努力；鍛煉成抗戰的骨幹。我們忠於民族解放事業，我們獻身於新社會的建設。昂首看那邊，勝利就在前面。」

劉雨虹：就是教育你們這些非共產黨，說抗戰都是共產黨在抗的，國民

（註19）周天孝，劉衍志主編；中共浙江省永嘉縣委黨史研究室等編，《浙南紅軍的搖籃永嘉縣小源地區革命鬥爭史料》，中共黨史出版社，2002年，174頁。

2009年10月16日陝西宜川壺口瀑布。岱峻拍攝

黨就躲在後頭。結果三個月完了以後，就說那你們到延安去吧！那時候說延安，久聞大名啦，那就去了，走路耶，從栒邑縣走路走到延安，我沒有查多少里。

岱峻：現在栒邑縣的「栒」把那個木字旁去掉了，因為一般人認不得那個字。

劉雨虹：對的。年紀大了，有一些事記不清楚，名字會搞亂，不過你這樣一講我想起來了，就是沿栒邑縣走路走到延安。那個時候我看是幾月啊，下霜了，好像是九月，差不多是八九月，已經很冷了。

岱峻：三八年的八九月。到霜降左右就去了延安。當年你們走，彎彎曲曲，有三百多里左右，你們那時年輕，你說得走多久？

劉雨虹：我跟你講，那時候還沒有旅館，夜裡露天睡，各人就帶著行李啊，有背子，我沒背行李，我背不了，到夜裡就是睡在曠野，反正弄個板啊什麼東西，就睡在上頭，還看見星星月亮，那時候年輕啊，什麼都不在乎。你看看三百多里啊，結果那時候就走過去了，到了延安上陝北公學高級部，也是學這一類，歷史啊，聯共布黨史啊，什麼的。上完了以後，是共產黨員的，就進了馬列學院，抗大。那時候我們年紀小，有人年紀大啊，上海來的，福建來的，很多外地來的，有些二十幾歲的。後來學校校長是誰，你知道嗎？

馬宏達：李維漢。校址在清涼山南麓、小溝坪、楊家灣。在陝北公學多久？

劉雨虹：三個月。那時候，王實味還有羅夫來找我，他因為教過我英文嘛，然後就說共產黨這個制度怎麼樣怎麼樣，反正要你幹嘛你就幹嘛，你不幹就不行，比如說要你嫁給誰，你說當時那個時候到延安啊，很多女學生很漂亮的，年輕的，可是二萬五千里長征，多少土八路跟著過來的，沒有老婆，結果就要這些年輕女孩子嫁給他們，她們都不肯啊，就是說一次說嫁給他，一看老土不要，第二次說也不要，第三次講，妳入黨的時候講，為黨可以犧牲一切，現在不過要妳嫁一個人就不願意。所以有很多名字我都不提，有人現在還在的。

延安報紙曾刊出一幅著名漫畫〈新娜拉出走〉，諷刺一些青年女性為爭取獨立自由離家出走，到了延安又淪為大幹部附庸新的娜拉。女大學生在延河邊洗腳，對岸男同胞列隊傻看，女生擠眼直笑：「瞧，咱們的尾巴又來了！」時間一長，女生將常來河邊的男人呼為「河防司令」，內中還有後來的「開國元勳」。抗聯出身的留蘇女生黎侠，每天清晨都能在窯洞視窗發現幾封求愛信；哈爾濱姑娘郭霽雲「回頭率」極高，許多男性以各種方式求愛；南方姑娘鍾路遭南洋華僑及廣東男士「圍追堵截」，窯洞門縫、衣服口袋塞滿字條，人稱「被圍困的女八路」，被逼無奈，她只好公開與張力克（後任瀋陽市委副書記）的戀情，一九四一年早早結婚。（註20）老幹部的求愛信，一般只有幾句，但都有關鍵內容——「我愛你！」（註21）丁玲〈「三八節」有感〉：「女同志的結婚永遠使人注意，而不會使人滿意的。」若是嫁了工農幹部，會受到知識份子幹部的嘲諷：「一個科長也嫁了麼？」若嫁了知識份子，工農幹部也有意見：「他媽的，瞧不起我們老幹部，說是土包子，要不是我們土包子，你想來延安吃小米！」（註22）

馬宏達：這個三個月的中間被毛主席握了手？

（註20）蔣巍、雪揚：《中國女子大學風雲錄》，解放軍出版社（北京）2007年5月第1版，頁184、186~187。

（註21）李逸民：《李逸民回憶錄》，湖南人民出版社（長沙）1986年11月第1版，頁97。

（註22）丁玲：〈「三八節」有感〉，原載《解放日報》（延安），1942年3月9日。

2009年10月17日延安楊家嶺。岱峻拍攝

劉雨虹：不是，我剛去就握手了。我們都喊他們土八路，穿個老棉襖，戴個帽子都一樣，誰也弄不清。延安，不是有表演嗎，江青那個時候跟毛澤東還是交朋友。江青是上海的電影明星，這個我知道，有晚會表演，毛澤東坐我前頭，因為大家通通穿老棉襖，戴一個鴨舌帽。我那個時候也不知道他是毛澤東。（註23）

（註23）1938年11月20日，毛澤東與江青在延安結婚。

馬宏達：那當時是他主動握的嗎？

劉雨虹：當然啊，我坐他正後面，旁邊站了兩個上海江青影劇界的人，來跟江青打招呼，結果江青給他介紹，這是我的朋友，他就跟她們握手，我在旁邊，他就跟我也握個手，是這樣，意外的握手。

馬宏達：江青跟他坐一塊嗎？

劉雨虹：沒有，江青在舞臺指導表演，她從舞臺那裡走過來。所以南老師常說你趕緊寫傳記吧！你這個經過太奇怪了。

馮志：劉老師您那個時候年齡還很小。

劉雨虹：對，我那時候十幾歲。然後常常有機會看到毛澤東出來看表演，散步啊。那時，我們年輕又糊塗，上陝北公學初級班，三個月畢業；上高級，也是三個月，我們也不是共產黨，到現在我不參加任何黨派，結果高級部畢業了，怎麼辦啊？是共產黨的進馬列學院，或者抗日大學，我們老百姓不是黨員，又捨不得讓我們走，希望我們哪天變成共產黨啊，然後就說你們去考魯藝吧！結果我就去考魯藝。

考魯藝本來是普通科，魯藝有文學系、有戲劇系、音樂系，寫作還是什麼系我忘了，本來考那個普通系，還要你表演一下，要你寫一篇小文章啊，還要你唱個歌，結果我唱了一個歌以後就把我錄取到音樂系了，我唱了吳宗海作詞、黃自作曲的〈熱血歌〉，「熱血滔滔，熱血滔滔，像江裡的浪，像海裡的濤，常在我心頭翻攪。只因為恥辱未雪，憤恨難消，四萬萬同胞啊！灑著你的熱血，去除強暴！……」，選那首歌是因為短又情感熾烈。

岱峻：您肯定考取了，後來呢？

劉雨虹：考魯藝，一考就考上音樂系，還沒有上學，就害牙痛啊。延安沒有牙醫，那怎麼辦，我說我要去西安看牙，他們說你錄取音樂系了，你快回來，我說好，看完就回來。你看又走到西安。

馬宏達：走多長的時間啊？

劉雨虹：我不記得了，反正就走路。我到西安的時候我父親來了，回家，回家，就把我揪回鄭州了。

馬宏達：他怎麼知道您來西安看牙？

2009年10月17日，延河水寶塔山。岱峻拍攝

劉雨虹：我在陝西時他每個月還給我寄錢啊，每月寄十塊啊，有時候二十塊。

馬宏達：所以您把看牙的事告訴他了？

劉雨虹：對啊，我告訴他離開延安的時間，他就來了，來了就把我揪走了。

岱峻：您和袁行知老師是在看花宮認識的？

劉雨虹：好像不大可能，那時我們才去幾個月嘛。我只記得我是在延安跟他認識的。

學？

岱峻：那看花的男生裡面就沒有袁先生了。他也是陝北公學本部的同學？

劉雨虹：對啊，我們是陝北公學的同學啊。

岱峻：當時河南人聽武進話能聽得懂嗎？

劉雨虹：袁行知是北京長大的，生在北京，武進只是他們袁家的老宅。

岱峻：那這就是您到延安人生的最大價值了。

劉雨虹：那時，我們只是同學，既不了解也沒有更多接觸。

第五章　川康遊學

劉雨虹：第二年的春末，我從延安回到西安，說要看牙，對吧。

岱峻：那是一九三九年的春末。

劉雨虹：對，我父親把我弄回開封，就要讓我考學校。我姊姊那個時候上河南大學醫學院，在洛陽，她是已經進了大學了，然後我在洛陽待一陣兒也要考，以同等學歷考醫學院，我沒有這個學歷，真正拿得出來的就初中畢業證書，可是我已經混了那麼多年了，當然沒考上。沒考上怎麼辦啊，去哪兒啊，就去四川。

岱峻：為什麼是四川，有具體目標？

劉雨虹：我從延安出來以後，我爸爸不是把我帶回家了嗎。在延安讀陝北公學的時候認識了袁行知，他也在陝北公學，我們兩個認識很久了，同學。後來袁行知就講，你那個河南在那個邊上，戰爭的邊緣。四川是後方，比較安全，遷來的大學也多。他說我們有很多同學都到四川，你們也來四川吧。我找另外一個女同學姓蕭，說那個姓袁的家裡有人在四川，我說我家裡沒有人在四川，我們跑到四川，萬一有什麼不是麻煩嗎？結果她就講我們同學很多，反正上學，年紀輕，不在乎，糊里糊塗這就去了。

王愛華：那你又去四川是嗎？怎麼去的？

劉雨虹：我住河南開封，先到西安，然後我們搭黃魚車，那個車子很困難哦！

馬宏達：黃魚車是手推車嗎？

劉雨虹：黃魚車是沒有票座而搭乘在貨車貨物上，像晾曬的黃魚一樣。當時公路局有固定的車，去買票一是票價貴，等的時間很久。結果有商車，運東西的車，那些司機就要賣幾個票，賺一點外快。

那時的卡車，汽油配給少，有的用酒精作原料，甚至還有燒木炭的，啟動不易，速度甚緩，途中經常拋錨，有民謠道，「一去二三里，拋錨四五回，下車六七次，八九十人推。」

王愛華：坐後面還是坐他的駕駛室？

劉雨虹：我那個時候坐的是運香菸的車，卡車啊，根本沒有頂蓋，那一箱一箱的菸，好高啊，菸很輕，我們坐兩三個人結果轉彎的時候，對面來一輛公路局的車，我們正在轉彎，如果我們不停車，他們就會被擠掉到山溝裡，我們這個是商車，讓公路局的車，就往旁邊偏，一偏就倒了，我就倒到地上，當然是暈過去。幸虧對面很快來了一輛紅十字會的救護車，醫生趕緊下來，哦醒了醒了，沒事了。老天保佑，有驚無險。後來司機不敢讓我坐上頭，就讓我坐旁邊。

馬宏達：那時候您多少歲？

劉雨虹：我看那一年是哪一年啊，（民國）二十八年二十九年的樣子，大概十八十九吧？

馬宏達：當時搭車的還有別人嗎？

劉雨虹：當時有三個人，好像那兩個人我不認識，怎麼搭上我也很奇怪，現在都記不太清楚了。是從西安坐黃魚車，搭商業便車到成都。

馬宏達：西安到成都這個路恐怕不太好。

劉雨虹：從前路很壞，不是現在的路啊。一去成都以後，袁行知就說，你們沒有地方住，先住我們親戚家，就是瓊瑤父母家，那個時候瓊瑤兩歲。

袁行知的堂姐叫袁行恕，先生陳致平是歷史學教授，時在成都光華大學任教。他們有一兒一女，女兒陳喆就是後來的作家瓊瑤。光華大學是上海遷川的私立大學，以商科聞名，遷至成都西郊外，此地後因光華大學校址，故名光華村。而這所學校也就是現在的西南財經大學前身。

岱峻：光華大學在成都西郊鐵門坎附近，現在叫光華村，當時叫鐵門坎。

劉雨虹：對，就在那裡。當時我們到成都後，袁行知的三哥袁行義就說陳致平那裡地方比較寬嘛，然後就在他們那兒糊里糊塗住了。

岱峻：考光華大學跟陳致平有關係嗎？

劉雨虹：沒關係。我考上光華大學，以同等學歷考的，也不敢上啊，成都天天轟炸，早上一睜開眼就逃警報，也不知道下一步怎麼辦啊。後來看哪裡不轟炸，西昌那個時候不轟炸。然後就說我們去西昌上學。

一　西昌兩載

岱峻：那個西昌的西康技藝專科學校，前有「國立」兩個字，國立很重要，當時國立學校少，原來四川就一個四川大學叫國立四川大學，重慶大學是省立重慶大學，所以國立西康技藝專科學校也不好考，我看那個介紹，一共在十八個地方，包括重慶、昆明、西安、武功都有，三千人報名招錄二百人。您是在哪裡報考的？

劉雨虹：我在成都考的。成都什麼地方考我也不記得了。我上的是五年制的專科土木工程系。

岱峻：現在從成都去西昌都不容易，坐汽車得坐六七個小時，有高速路，沒有高速路之前坐火車，得坐一個晚上。那你們當時怎麼去的呢？

劉雨虹：從成都走，坐公路局汽車到雅安。校方令我們在雅安聚齊，結隊一起動身，怕路上不安全。從雅安走路走到西昌。

岱峻：走多久？

劉雨虹：不記得了，有多少里啊？

岱峻：將近三百公里。我看你們同學的回憶可能要走十來天。

劉雨虹：那可能。唉啊！路上很驚險啊。當時去西昌沒有公路只有小路，要經過夷人區。西昌一帶也都是漢夷雜處地區。夷人時常搶擄漢人，不剝頭皮，也不會殺掉，只當奴隸使用。據說，夷人最看不慣漢人一雙腳，腳是走路的，怎麼能將一雙腳供養得那麼好，又是襪子又是鞋子。所以，被擄去漢人第一件事就是用燒紅的烙鐵把腳底板烙焦，焦而後硬，角質化然後才可以赤腳在山中行走，不怕扎。當然，這只是聽說。

劉雨虹〈夷邊遊學記〉有這樣一個故事：

有一次，旅客曾在附近的溪邊，看到一個外國老頭子，全身夷裝，會說夷話。相談之下，才知道他是英國人，是在清朝末年來中國傳教的，那時只有廿多歲。他在四川幾年後，又深入西康傳教，不幸被黑骨頭俘去，已經有四十多年之久，故而生活全部夷化。近來因為年紀大了，夷人對他也就頗為放鬆，所以自己常常單獨出來。問以是否想回英國，他說不想回去了，四十多年不通音信，如果回到英國，自己不認識一個人，也沒有一個人認識自己，反正回英國也好，在夷區也好，人生結果都是一樣的。（註24）

岱峻：你們一路上不會有危險吧？抗戰時期，路上人多。

劉雨虹：我們有組織，在雅安集合，那一行共有十一人，大家的行李合僱了三個背子背著，另有一個紳糧兒子同學，坐了一個滑竿，一行總共十六人，倒也浩浩蕩蕩。一路經過大相嶺、曬經關、小相嶺，有風景有民俗有故事，人多膽大好玩。七天走了四百多里路，終於到了西昌。

（註24）劉雨虹《禪、風水及其他》，南懷瑾文化事業有限公司，2017年出版發行，174-175頁。

2016年12月20日，西昌瀘山國立技專紀念碑。岱峻攝

2016年12月20日，西昌瀘山國立技專紀念碑附屬建築碑刻。岱峻攝影

一九三九年西康建省，並設立行轅。李書田（字硯耕）博士奉命隨邊區調查團赴西康省進行資源調查和建設方案設計。這年八月一日又奉命籌建辦國立西康技藝專科學校。在邛海邊的瀘山上，有一片蒼茂的唐松漢柏，綠蔭掩映之中有十幾座古廟，這所創立中的學校遂選定劉公祠、光福寺、文武官、三教庵等七處作校址。一九三九年年底，從全國包括淪陷區招收了首屆新生二百名。當年，首屆校長李書田，帶領北洋大學部分師生和圖書儀器，從漢中西遷，到了成都後用馬匹把圖書儀器馱至西昌。

一九四〇年一月八日，國立西康技藝專科學校正式上課。校訓為：「審慎明篤」。校歌由蕭友梅作曲，歌詞為李書田撰寫：「瀘山崔巍，邛海煙濤，巍巍學府康專高。浩氣凌霄漢，壯志勵群曹，不從紙上逞空談，要把康華改造。窮學理，振農工，重實驗，薄雕蟲。望前賢之開邊卓犖，顧後起之努力追蹤。念創校之艱難締造，願同心同德，共揚校譽於無窮。」

劉雨虹：我們校長是誰，你知道嗎？

岱峻：李書田博士。

劉雨虹：他原來是北洋工學院院長，很了不起的。

岱峻：你們那個學校的校訓，「審慎明篤」，就是李校長定的。

劉雨虹：李校長思想保守得不得了，他女兒也在學校，上體育課不讓她上，叫他女兒到屋子裡念書，不許上體育，體育老師也是他聘來的啊，看他多無聊。我告訴你啊，李書田管著他的女兒念書，甚至嫁什麼人都管著她。結果她結婚很多年後我在臺灣看到她。她的兒子叫朱棣文，得過諾貝爾物理獎，也就是李書田的外孫。

岱峻：劉老師，您記不記得您們有一任校長叫雷祚雯，是這樣，第一任校長李書田，第二任是您的系主任周宗蓮，第三任是雷祚雯。

國立西康技藝專科學校校長李書田。

雷校長比較慘，他一九四六年回重慶的時候，就坐飛機，坐飛機飛到螺髻山的時候，一家人都撞山死掉了。喔，那個時候您已經離開西昌了。

馬宏達：您學的是土木工程，那您懂建築？

劉雨虹：我哪裡懂？五年專科，才上兩年。前兩年都是高中的課，後三年才會念專科啊。

岱峻：你們學校有三個系科：工科、農科還有醫科。有三年、五年和六年三種學制。

劉雨虹：我是土木工程科。有醫科嗎？

岱峻：有，是六年的。你們學校現在修了一個紀念碑，就在瀘山上。紀念碑三個面，代表三個科。學校是一九四〇年八月一日正式創辦，一九四一年一月八號開課。

岱峻：你們工學院土木建築系的系主任叫周宗蓮吧？

水利專家周宗蓮博士為國立西康技藝專科學校首任教務主任，兼任土木工科首任科主任。一九四一年李書田走後接第二屆校長。

土木工科辦有《康專土木》月刊。

劉雨虹：對，他的樣子我還記得。

岱峻：他學水利的。

2016年12月20日，西昌光福寺。岱峻攝

劉雨虹：對，水利，很有名。

岱峻：當時瀘山一共撥了劉公祠、光福寺、文武宮、三教庵等七個廟子給你們做校舍。不知道您住哪一座廟？最大的光福寺，現在還在，前一段時間燒山火，就是差點把你們學校給燒掉。

劉雨虹：現在這個廟子都還在啊？

岱峻：在啊，光福寺修得很好，全國重點保護的建築。

劉雨虹：做夢一樣，從前。我那個廟子宿舍可好了，早上窗戶一打開看見邛海，風景真好。

我們這所西康技藝專科學校，分三年制專科及五年制專科兩種，有土木工程科、化學工程科、畜牧科、礦冶科、農林科及蠶桑科等等。學校佔據了瀘山主要的大廟一片，前後左右，上上下下，共有六層之多。因為創校第一年，全校師生不過百餘人，就像一個大家庭一樣，素君、小白，及我，都在五年制土木工程科。

上課的教室，有些是廟中的客房，有些就是大佛殿，神像巍然，學生就坐在菩薩的旁邊，隨時可以抱佛腳了。在四大金剛站立的穿堂大殿中，擺了幾張桌子，就是學生飯廳的一部分。那時，一切因陋就簡，大家都是站著吃飯，站累了，就坐在金剛的腿上，或者靠在金剛的身上。（劉雨虹〈夷邊遊學記〉）

岱峻：你們女生宿舍不讓男生進去。

劉雨虹：那是當然的。有一個西昌行轅主任叫張篤倫，他的妹妹就在我們學校裡當圖書館的館長，西昌那個時候都住在廟子裡頭。他的兒女都在我們學校上過，然後他的兒子張澄基，在西昌念了一陣兒不念了，我去的時候他剛好走，他去哪裡？西藏學密宗。學了以後出來，大概抗戰勝利了，出來以後又去美國留學，得了學位。後來在臺灣講佛法，有一本書，是佛學概論這一類的，有個名字我忘了。

張澄基（一九二〇年～一九八八年），張篤倫之子，原籍湖北安陸。一九三四年，十五歲時在南京就讀中學，開始研讀佛經。十七歲起研習藏傳密教，曾在四川貢噶山雪山寺，拜貢噶仁波切為師，學習藏傳噶舉派，在貢噶山居住了八年。一九四八年返回，與于右任之女于念慈，在漢口結婚。一九五一年，與其妻至美國，任教於紐約新學院（New School for Social Research）。一九六六年，至賓夕法尼亞州立大學任教。精通英文、藏文與梵文，曾參與創建美國佛教會，是最早在美國弘傳佛教的居士之一。代表作品《佛學今詮》。

岱峻：現在西昌行轅那個舊址還保存，因為當時太平洋戰爭以後，一九四四年，日本打到貴州獨山的時候，當時國民政府想把陪都遷到邛海邊。

劉雨虹：對。遷到西昌，準備戰爭不利就遷到西昌，戰事再不好就遷到西藏。西康這個學校還有沒有？

岱峻：有，現在叫西昌學院，你們學校當時校址，後來共產黨先辦一個四川林業學院，後來又辦成西昌農業學校，後來又改為西昌學院，就什麼系都有了。

劉雨虹：學生都是本地的吧？

岱峻：不見得，收生是根據考分。屬於三本大學。其實那裡風景很美，適合讀書。劉老師，你們在西昌的時候有學生社團，您參加過沒有？

劉雨虹：我不參加，我一輩子沒有參加過任何組織跟社團，我覺得要被人管，不好說話。我就參加過伙食團，北方人的伙食團吃麵，南方人的伙食團吃飯。

岱峻：當時你們西昌的時候，學生社團有一個濾影話劇團，有個野火文藝社。還有新生文藝社，國劇研究社，海光歌影團。

劉雨虹：對，野火文藝社很有名，我也沒有參加。有些我都沒聽說過。

岱峻：那兩年生活很苦嗎？

劉雨虹：還好，我爸爸還給我寄錢啊，有時還給我寄衣料啊，因為我父親在黃河邊上，靠國民黨這邊，有時候過河去照應在淪陷區的家裡，有時候買日本東西進去，也沒有人管他，有時候他們日本貨就在那裡銷，很便宜。是我們中國沒有的，他就買些料子寄給我，然後每個月給我寄十塊，有時寄二十塊，是這樣。這些事，不提起來，自己也想不到。那時年紀輕，身體健康，不憂不愁，還是在西昌那兩年很痛快，沒有經濟負擔，沒有戰爭負擔，沒有事情負擔，什麼都沒有，每天起來就是玩。

岱峻：實際上這個貸金制，你們生活費就解決了，有的書本是用抄的，有的是用高年級留下的書。其他的學生沒有錢，您父親還給您寄錢，所以您在那裡就過得好。

劉雨虹：這個時候啊，學生窮，你不給他錢怎麼辦啊？政府給貸金，貸金也不夠啊。這裡沒有電燈，晚上自修，油燈一盞，每月由學校發油一次，同學都有自備油罐。可點燈用的菜油，多數都被同學用來炒菜炒飯，吃到肚子裡去了。等到晚上做功課，就三五成群圍著一盞油燈對付。也有些同學亂動腦筋，跑到山下偷老百姓的玉米啊，偷甘蔗啊。我們學校不是在廟子裡嗎？教室、會議室都有菩薩像，鄉下人遠道來添油，有些同學就弄個罐子擱在菩薩前面，寫「添油在此」，然後拿了油就去做菜。有的為此還很得意。

這等事會有果報。劉雨虹在〈夷邊遊學記〉中曾寫過同學「紳糧」和「素君」的一段對話：

「你不要操心」，紳糧恰好經過，聽到素君在發表高見，「這件事分兩段來看；添油是一段，受油是另一段。」

「兩段怎麼樣？」素君問。

「添油的人一片赤誠，是他們的動機和敬意，這是一段事；至於說這些油，是否依照他們的意思而用，對他們的動機毫無損害。」紳糧說。

「怎麼沒有損害？」素君問，「不能給神像點燈了呀！」

「這是另一段，歸受油的負責。」紳糧又說：「濫用人家的油，由受者負責；換言之，添油的人誠心添油布施，種下了他的善因，受油者欺心貪污，種下了他的不善之因，各種各的因，將來各得各的果，你操什麼心呀?!」

——讀來，頗似一段禪宗公案，或許是作者自說自話？

岱峻：特殊年代，特殊地點，聚集一群特殊的人，也就有了傳奇。

劉雨虹：我們學生的飯廳原是四大天王殿，太佔地方，官方就講把他們剷掉吧。就跟學生寫合約，工作由我們做，他們給我們多少工錢。結果一剷裡面都是木材，很大的木材，很值錢啊。官方就說並沒有獎勵這個東西。我們說不，這些都該屬於我們，最後也就給我們了。我們把那些木材賣了很多錢，買東西吃啊。

也有同學戀愛的了。有一個女生叫邵靜，男的叫譚振飛。譚振飛投筆從戎參加十萬青年十萬軍，考上十六期航空軍官學校，美國受訓歸來後，在成都與邵靜結婚，我們曾參加他們的婚禮。後來也到了臺灣屏東，我們還有見面，說你們兩個

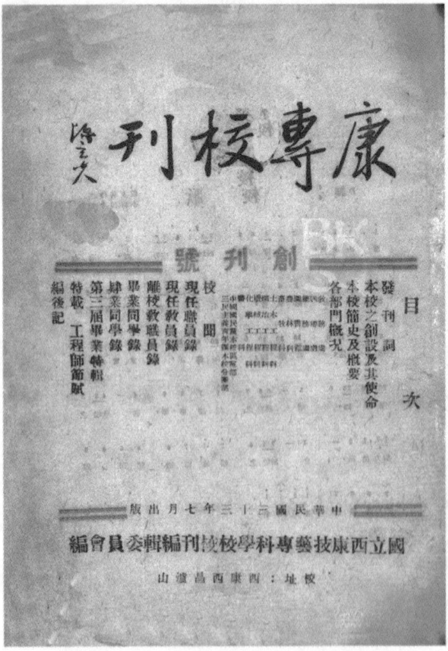

1944年國立西康技藝專科學校校刊。

當初談戀愛的時候，就是在四大天王後頭。有時候老師經過，問你們在這裡幹什麼，就說我們在參觀佛像啊。

岱峻：你們大概是四〇年秋天上學了，然後珍珠港事件，是一九四一年十二月八日，我估計到了一九四二年，就人心思散了？

劉雨虹：對的，就是。一九四一年底，太平洋戰爭爆發後，美國向日本開戰，日機對成都的轟炸減少了。那誰還在西昌待著？

岱峻：西昌等於您修了兩年，沒有拿到學分？

劉雨虹：那個時候沒有跟學校要任何東西就走了，就是糊里糊塗。

岱峻：可以去要幾個學分。

劉雨虹：那個五年制的學分有什麼用呢？我是上五年制土木工程科，頭兩年等於是高中，你要那個學分也沒有用。還有那個時候年紀輕，一聽說可以走了，趕緊跑。

岱峻：有公路了嗎？

劉雨虹：有，我出來時坐公共汽車，已經有樂西公路了，從樂山到西昌。

岱峻：一九四〇年進去還沒有公路。

劉雨虹：樂西公路，老早修好了，張篤倫做行轅主任，對吧，就是做準備，如果四川淪陷了，就退到西昌。那時候西昌屬於西康省，然後再退就退到西藏，但抵抗到底，就是不投降。你一個領導人能夠這樣的發話，老百姓就心安了嘛，曉得不會投降；假如你搖擺不定，那就人心惶惶，對不對。還有一樁事，就是殷汝耕這個事，據內幕說，他是有犧牲的，是不是真正的漢奸，不好說。一大片淪陷的區域，你靠日本人殘暴統治不行，還是要有人管著，所以你看戰亂的這個局面，是非很難說。

岱峻：現在到西昌的高速路到冬天，一段時間就會封路，為什麼呢，大相嶺頂上結冰啊，不讓過，所以我估計您最早會是四二年春秋之際，天氣可能比較好一些。

劉雨虹：反正天氣熱，不是穿得很厚，那個時候公路跑的車是卡車，大家都坐在後頭，沒有座位，坐在自己的行李上面。

二　負笈錦城

馬宏達：戰亂年代，流離失所，您有沒有挨餓受窮？

劉雨虹：這個就是運氣啊，很難講，我也不是沒有受過窮，記得有一次，是錢沒有寄到，一九四二年下半年，我們從西昌出來，住在成都春熙路基督教女青年會，沒有錢吃飯，郵電不一定啊，後來我就找一個人，去借了五塊錢。好像五塊錢還是五毛錢，我忘了，大概五毛錢吧，買一個燒餅，我沒有敢一頓吃完，我說我留一半明天吃吧，萬一明天錢還沒有到呢。結果晚上錢就收到了。我就那個時候，大概有一天的光陰，收不到錢，我很著急，就那一次，其他都沒有。你看我在延安的時候，

1941年劉雨虹的畢業證照片。

我父親每月給我寄十塊，或寄二十塊，後來我離開以後又寄了一次錢，那些同學就把我的錢收了，大家搶，後來誰搶到手，我也不管了。

岱峻：女青年會現在成都還有，還叫女青年基督會，有時候有女基督徒唱聖詩讀聖經。

劉雨虹：有一次他們過聖誕節，有表演啊，還讓我演牧羊人。

馬宏達：後來呢？

劉雨虹：人回到成都，但還沒有學歷，將來怎麼辦呢？後來我有一個同學叫田家樂，在重慶金剛坡的教育部工作。他說你來吧，我幫你搞個證書，搞個假證書。然後我就去到重慶，田家樂同學讓我假充荷澤戰區的學生，就被保送到先修班。

宏忍師：劉老師這個證書還在，那個毛筆字寫得漂亮。

劉雨虹：田家樂說山東有一個荷澤中學，學校教務長，把荷澤中學的官印帶出來，讓他給你寫個高中畢業的證明。結果那個教務長就問我是哪裡人。我心裡想，我不能說我是河南人啊，我說我是山東荷澤人。他說荷澤中學你念過嗎？我只好說我念過。

宏忍師：根據證書劉老師就是山東荷澤人。

劉雨虹：對啊，就是這樣。結果我證書上的歲數比我大兩歲。

馬宏達：所以，證書證件都不能全信。

劉雨虹：對啊。所以你就知道那個時代了。曾有一個人說，那時候受貢噶訓練的不是現在這個南懷瑾，對吧？後來我就出來講話了，我說那個時候又沒有身分證，又沒有戶口，你自己隨便報，要經史合參，不知道歷史，你就是白說。

劉雨虹曾寫：「南師雖為貢噶上師認可，具備傳授密法的資格，但在臺灣居留的三十多年之中，始終不太願意傳講密法，他說，我反對一般人學密宗，因為不把禪宗修成，不到達禪宗明心見性這個階段的，去學密宗，沒有不走入魔道的。先生又說：我要有精神的話，就把密宗所有方法的錯誤之處，都講出來，他們執著在

哪裡？同樣是受陰境界。」（註25）

馬宏達：那個先修班不屬於哪個大學？

劉雨虹：那是教育部辦的，不是任何別的學校的先修班。是收留戰區的學生的，在四川江津白沙鎮。

岱峻：就叫國立大學先修班。

一九三九年九月，教育部頒發《大學先修班辦法要點》，規定除教育部特設三所大學先修班外，指定國立師範學院、西北大學、西北師大、交通大學、暨南大學、西南聯大、浙江大學等學校設立。統一招收公立或已立案之私立學校高中畢業生，分發指定學校，進行大學預備訓練。每班至少50人，不足額時，招收未能升學之高中畢業生，經入學考試及格後入班肄業。後因淪陷區日增，教育部為救濟戰區學生，規定凡未考入專科以上學校者，經登記試驗

（註25）劉雨虹：《大圓滿禪定休息簡說》出版說明。

後，均可入班肄業。其科目分必修（公民、體育軍訓、國文、英文、數學）、選修（歷史、地理、生物、化學、物理）兩種。期限一年，不發證書。但體格健全、學行成績最優之百分之五十，免試分發各公私立大學一年級肄業。學生學宿費免收，膳費自備。

劉雨虹在《禪、風水及其他》〈尋師〉一文中寫道：

那年筆者在四川白沙，上大學先修班，教化學的老師是位東三省籍的，極富教書天才，把這門討厭的化學，應用到日常生活，教得像說滑稽故事一樣，全班哄堂。而枯燥的化學方程式，至今廿餘年，仍能牢記不忘。

岱峻：白沙那裡有一個叫國立女子師範學校。

劉雨虹：對哦，我們有同學在那裡。

馬宏達：統一培訓，培訓幾個月？

劉雨虹：不止幾個月，將近兩個學期。

馬宏達：然後可以直接上大學了？

劉雨虹：在先修班，我的成績很好，畢業的時候是保送，保送二分之一送大學，我是很靠前的。就填了四川大學，因為想去成都嘛。結果把我保送到四川大學農學院蠶絲系。

岱峻：你們這就回成都了？和袁行知老師一起？

劉雨虹：袁行知也在先修班畢業，他被保送到金大農學院森林系，我們一起坐汽車從重慶回成都。那是哪一年？我現在一想，好像是一九四三年，我們在路上結婚了。

馬宏達：當時您先生全聽您的？

劉雨虹：他跟我同歲啊，我們兩個認識了好幾年才結婚，同學很久了才結婚。

馬宏達：那您在西康上學的時候他在哪裡？

劉雨虹：好像也在西康，陝北公學他也去啊。

馬宏達：他是護花使者一路跟著您？

劉雨虹：他不是跟著我，我父親揪著我回到河南的時候，他已經去四川了，後來他在四川就講，你們不如來四川念書吧？因為這個原因我們就去了，我跟另外一個同學姓蕭，上海人，然後我們才去四川，是這樣的。那我們兩個人在西昌也同學啊。兩個人也一度鬧崩了，並不好啊，我們兩個人分分合合搞了好幾次了。

岱峻：到成都後，你們當時住在哪裡？

劉雨虹：我們結婚了，到成都就住在昇平街三十七號，那時候袁行知的三哥袁行義也住那兒，等於我們住他家吧。袁行義個子很矮，是比利時留學的，學土木工程，抗戰快開始，他就是成渝鐵路的總工程師，老早就到了四川。所以昇平街三十七號是袁行義住宅。後來我出來工作了一段，家裡請了奶媽，我在中央什麼醫院啊，在那個醫院裡做出納，收錢啦，什麼出納，就是看病交錢。

岱峻：中央大學醫學院。

劉雨虹：對，院長姓戚，親戚的戚，戚壽南。是中央大學醫學院附屬醫院。

老成都的街道。

岱峻：中央大學醫學院附屬醫院，這個醫院當時從南京遷來，在什麼地方，最早也遷在華西壩，後來遷到佈後街去了，戚壽南曾經是北京協和醫學院內科主任，當時是中央大學、齊魯大學和華西協合大學三大醫學院聯合醫院的總院長。這家醫院就是現在的四川省人民醫院。

劉雨虹：後來來大陸到成都，我去找，已找不到昇平街。

岱峻：現在已經沒有了，原來的太平街、昇平街，兩條街合起來，然後就各取一個字叫太升路。

劉雨虹：那個昇平街旁邊有一條街叫三倒拐。

馮志：劉老師你知道五世同堂街嗎？是我們家，我小時候就住那裡。

劉雨虹：成都很大耶，成都還有郵政局，從前我們小時候看郵政局好大，勝利後我去了南京，後來又回成都，再看怎麼那麼小。還有一個賣湯圓的叫什麼？

馮志：賴湯圓，湯圓裡面放雞油，還在。

劉雨虹：現在還有啊？

馮志：現在還有，老字號嘛，現在叫飲食公司，已經不是他們賴家的了。味道跟您以前也肯定大不一樣。

岱峻：您是四五年又去考金陵大學園藝系，因為四六年才回遷嘛。

劉雨虹：對，一九四四年生我那個大女兒琳達，那一年就在家裡照應孩子，然後又過了一年抗戰勝利，孩子有人管啊，請了佣人嘛，然後我又去考金陵大學。

馬宏達：您金陵大學讀畢業了啊？總共幾年啊？

金陵大學農學院師生外出考察前。吳漢珠提供

劉雨虹：沒有，金陵大學我讀園藝系專修科，我心裡想上個短一點的吧，考試考進去的，記得老師出個題目啊，〈試述泡菜的營養價值〉，大家都不會答，我也不會答。

岱峻：那時你們金大園藝系在華西壩的時候，您記得大概是在什麼樣的教室上課，您有沒有記憶？

劉雨虹：有啊，有教室啊，就在後壩，就是後壩上課。那時候上些什麼課現在也忘了，抗戰的時候，有些都是關於國家民族啊一般的課程，這個本科的，後來進入這個園藝科，就有些園藝方面的課程。我學這一科，永遠沒幹過這一行。

岱峻：您記憶裡有哪些金陵大學的同學？

劉雨虹：現在我記憶的幾個都過世了，一個叫溫靜，女的，我們同班，還有一次有一個同學跟我電話聯絡，我現在把他名字給忘了。

岱峻：那您記得您老師不？

劉雨虹：有啊，有個叫倪青原的，南老師還和他認識的。

岱峻：倪青原是金陵大學文學院院長，哲學教授，高度近視眼。那還有認識的老師嗎？比如我說幾個老師，園藝系的程世撫老師，知道這個人嗎？寒山寺是他父親改造的，他的父親叫程德全，是清代黑龍江的將軍，在齊齊哈爾建了中國的第一個現代公園，還有蘇州寒山寺的改造，還建植物園。程世撫先生是在美國學景觀設計的，在你們系教園藝。

劉雨虹：還有胡昌熾，他是園藝系的系主任。

岱峻：我那個《風過華西壩》裡寫到，你們回到南京以後，胡老師一看，他自己手寫的「金陵大學農學院園藝系」的木牌還在那裡，眼淚就流下來了。我聽你們陳校長的小女兒陳佩結老師跟我說，她為什麼要考園藝系，他們在華西壩的時候，門前種月季花，老是開不大，她就請教胡昌熾先生。先生也沒有說，把月季花一個個掐了，只留間隔的幾朵。她說我心疼得不得了，但後來看花朵確實開得漂亮了。因此就報了園藝系。

劉雨虹：從前我們考農學院才可笑，學生都是城市來的，他就帶著學生，指著麥子問這是什麼，都市的學生沒有見過，有人說是草，有人說韭菜，亂七八糟的。

岱峻：金大農學院是很有名的。

劉雨虹：所以賽珍珠跟我們有緣就在這兒，那個時候她的老公卜凱是管農場的。我們金大的校歌，

1940年代華西壩教學樓前廣場。

跟美國那個什麼大學一樣，我們算那個學校的……

岱峻：康乃爾。

劉雨虹：對，後來有一次我唱校歌，我們有一個親戚讀康乃爾的，他說你怎麼唱我們的校歌，我說我們是同一個校歌。哎呀你做這個事了不起，說的時候不是只有那條線，旁邊那些事情也出來了。

岱峻：您上過汪菊淵先生的課嗎？

劉雨虹：不記得了。

岱峻：他是教藝植專業的。

劉雨虹：那已經是專門的了，是園藝系的高級課程。胡昌熾的課我上過。

岱峻：胡昌熾教你們是蔬菜學嗎？

劉雨虹：不是，我們程度低，教我們基本入門。

岱峻：華西壩有團契活動，有主日禮拜，還有各種學生社團，在金大您參加這些活動嗎？

劉雨虹：我不參加任何活動。

岱峻：聖誕節您過了沒有？

劉雨虹：聖誕節我們也不去學校裡搞，金大的時候我已經結婚了，不湊這個熱鬧，同班的人我算是年紀大的，由他們去玩，我不參加。

岱峻：一九四六年四五月份回的南京，是嗎？

劉雨虹：對，狗年。那時回南京，排隊啊，車子不夠啊。

岱峻：我有很多你們回去時的照片，我回家後傳給您看看，你們回家走的情況，沿途經過，到南京的情況都有，說不定有您，或有您認識的人。

劉雨虹：那個時候照相多難啊，好貴啊。

岱峻：金陵大學的照片多，因為你們學校有中國最早的電化教育，陳裕光校長很重視，孫明經負責，拍了很多記錄片。

劉雨虹：從四川遷回南京，那年的十月秋高氣爽，南京新街口馬路邊，有許多賣蟹的農人，手提兩串大閘蟹叫賣，一串十隻，賣掉就回家了。那個螃蟹味之鮮美，仙丹都不換，那時我才二十五歲。

岱峻：劉老師我還想請問一個問題，提到抗戰，你的文章裡對軍人寫得最多的是空軍。一個是你弟弟是吧，還有就是袁先生的弟弟，那個中將後來是華航的董事長，還有一個劉俊是吧，等於是你有很多的崇拜對象都是空軍。我看齊邦媛先生的《巨流河》，她裡面也寫空軍，而且是她與一個空軍軍官的愛情故事。是不是說你們這一代人對空軍有英雄崇拜情結？

劉雨虹曾寫過：

清華大學的沈崇海、林文奎；齊魯大學的樂以琴；金陵大學的孟廣信、毛瀛初、羅英德；東吳大學的陳思偉；北京大學的孫鍾岳；之江大學的姜獻祥；北京師大的張光明；暨南大學的韓師愈等，先後都是投入空軍的大學生或畢業生，充分表達了那個時代青年的勇氣和愛國情操，而在後來空戰中，更展現了不凡的戰績。也有些空軍人員是在國外學習的，畢業後回國報效，大隊長孫桐崗，

抗戰前回國，曾到我校講演，那時我還在初中。（註26）

劉雨虹：對的。到了成都，我們住在成都昇平街三七號家，有一個空軍飛行員劉俊，他的舅母是袁家人，因有這關係，他一放假就過來。我記得那一年他二十五歲。然後我就問他，他有任務，駕駛轟炸機，從成都起飛到武漢，那時候武漢已經是淪陷區了，他的任務是去炸武漢的機場。我說你從這裡飛到那裡時間也很久啊，我說你害怕嗎？他說我們軍人啊，當空軍的，我不談害怕不害怕，我就是一路唱〈平安夜〉，一路唱這個歌我就不害怕。可見心裡還是恐懼，因為你隨時碰到日本人這個戰鬥機來打你，你有多少機會被打下來啊，對吧。我說當時不是他一個飛行員在唱〈平安夜〉，可能還有別的飛行員也是一樣。

（註26）〈又想起抗戰〉，劉雨虹著《東拉西扯：說老人‧說老師‧說老話》，南懷瑾文化事業有限公司，2014年版。

1944年6月15日，B29從中國成都起飛，執行對日本本土空襲。

馬宏達：劉俊後來活著回來了嗎？

劉雨虹：當然活的啊。他比我大三歲啊，屬馬的，跟老師同歲，他前兩三年才去世，他後來是空軍中將，還做參謀學校的校長，命大，出那麼多次任務沒有出事。他是廣東人，他那個舅母是袁家的，是這個關係。

岱峻：我看材料裡說，你弟弟先是在印度受訓，後來去美國，是不是一九四四年、四五年的樣子，一九四四年那時候是一寸山河一寸血，十萬青年十萬軍，那個時候就組織從高中和大學選考了一批，應該是那個背景吧？

劉雨虹：對，我弟弟後來剛上高中就招考空軍，軍源不夠啊，趕緊招人訓練，美國在珍珠港事變以後就幫助中國，培養人才啊。那個時候還有飛虎隊，也是在那個時候專門幫助中國的。我弟弟先在印度的臘河初步受訓，然後直接到美國去受訓，是這樣的，他沒有參加過打仗。

岱峻：他是一九五〇年或五一年在臺灣過世。

劉雨虹：對。他是例行飛行，結果通訊設備失靈，就撞到山坡上，是這樣的。

馬宏達：多大？

劉雨虹：二十七八歲，還沒有結婚，抗戰的時候參加空軍，我母親就這一個兒子，我就這一個弟弟。他死的時候，我們不敢跟她說啊，怕她難受，看見空軍來我們家報信，流眼淚，我就告訴媽，我弟弟飛機，沒有回來，他們說可能飛到大陸啦。這個不是假話嗎？後來過了三天，我媽就說，假如有意外死了你們跟我講，我還給他燒個紙，對吧！後來我一看這樣，我就跟她老實說了。實說了，我母親也哭了一場，沒有很嚴重，後來跟我講，我每天一聽到飛機聲，就提心吊膽，現在他走了，我可以睡覺了。

人啊，有一種說法，譬如說你要生孩子了，你不要事先把一切都買好，因為這個孩子怎麼樣你還不知道。對未來也不可以計劃，我弟弟在美國當教官，因為成績好嘛，才留下來當教官啊。他還沒有結婚，但他結婚理想中的對象大概多高，多胖，後來皮大衣啊什麼都買好了，結果他死了。所以不可以這樣，對不對？有的人孩子快生了，把小兒車啊，小兒尿布都買好，生下來孩子死了。所以我們古代孩子生下來什麼都沒有，一塊布先包著，對吧，你慢慢再給他做衣服啊，你先做好，反而沒有人穿。

第六章 從南京到臺北

岱峻：一九四六年春夏之交，您從四川回南京，四七年金陵大學畢業，四八年年底離開大陸，在南京停留了一年多，那段時期您幹什麼？

一九四七年十月十一日，劉孝齋先生在給二女兒劉雨虹的信中寫道：

據說行知由北平集結之款，年來因貶值而消耗殆盡。此等已成過去之事，已不必系念。家無恒產，正足以促成上行。一個人的能力和精神才是重

1948年劉雨虹的金陵大學畢業照。

要的恒產也。我一生都能保持精神生活（操守品德，亦求高尚），方寸泰然，防堵發生惡劣情緒，你們應當取法。倘有不給之處，父當盡力接濟。你媽同你姐南下，不知住京，住滬？惟不宜住你大姐（註27）處。一切所需父仍當供給也。（註28）

劉雨虹：回到南京，住在曉園大姊家裡，在五臺山，南京的五臺山。那個時候我幹什麼呢，在那裡閒著，看報紙廣告徵聘工作人員，給電影作翻譯。那時看電影椅背後有個插耳機的地方，因為外國電影沒有翻譯字幕。外國電影都講英文，那麼就得有個人在電影院後座最上面的地方跟大家介紹，影片講英文，我講中文，相當於同聲翻譯嘛。那很容易，因為有劇本，劇本有英文，只要翻出英文的意思就好了。我說這個很好，可以掙錢，還可以看電影。有一個電影叫《翠堤春曉》，我看了多少遍啊，我常常給宏忍師講，

（註27）指袁曉園所在的南京五臺山。

（註28）摘自劉雨虹提供的書信原件。

這個好看，你給我找出來，是唱歌的，很好。那一年我主要就幹這個事，這是四八年。

袁曉園（一九〇一～二〇〇三），曾名行潔。籍貫江蘇武進。生於累世書香之家。祖父袁學昌為舉人，官至湖南提法使；父親袁勵衡是民初銀行家，主持交通銀行。青年時代兩赴法國留學，攻讀政治經濟學和國際關係學。在首次赴法途中結識葉楚傖之子葉南，後結為夫妻。一九三三年二月任廈門市營業稅務局副局長。一九三五年至一九四三年十二月三日，任中華民國外交部歐洲司、總務司專員，一九四三年十二月三日至一九四五年，任中華民國駐印度加爾各答領事館（代理）副領事。（註29）為中國歷史上第一位女稅務官和女外交官。一九四八年當選國大代表。

曉園大姊家在廣州街底的五臺山上，山坡上只有三、四戶人家，而我們

（註29）袁曉園，中文維基百科，https://bk.tw.lvfukeji.com/wiki

的院子又非常之大，所以養了一條狼狗看家，牠的名字就叫「狼」。當時，我在鼓樓附近的大學念書，後去電影院當翻譯，每天回家，狼都在門口歡迎，搖頭擺尾，跳躍匍匐，盡顯其態，而又彬彬有禮，進退得體。民國卅七年冬，我們搭機來臺，把狼留給看房子的人照管，後來獲悉，狼每日在門口等待，拒絕飲食，終至於死。狼的死，給我的打擊很大，立誓絕不再養狗，以免感情負擔。

位於南京市五臺山1-2號，該建築原為國民政府資源委員會工程師譚季甫和譚延闓之子譚伯羽於一九三〇年自建的私宅。總占地面積，16153平方米，建有假三層西洋別墅式風格的樓房一幢、平房二幢，共計18間，建築面積為3218平方米。二十世紀四十年代，袁曉園先生和丈夫葉南先生曾在此居住。（註30）

（註30）楊新華主編，《第三次全國文物普查南京重要新發現》，南京出版，2009.12，第216頁。

我和南京的人與地都有很深的淵源。上個世紀三十年代，我考取江蘇省農礦廳做廳長祕書，就從北京南下到了南京，那時候我工作的地方在瞻園，住就住在附近的宿舍裡。四十年代，我與時任江蘇省政府主席葉楚傖之子葉南成婚，婚後住在五臺山一號葉公館，所以大家都說我是「半個南京人」。一九九七年，我曾經到瞻園和五臺山故地尋訪，一眼就認出了以前工作的地方，五臺山一號也都沒有變，風景還是那麼好。（註31）

據二〇一五年網上資料：五臺山1-2號袁曉園舊居，目前此屋已不住人。從屋後丟棄的生活垃圾看，前屋主搬離應該也不太久遠。建築左側有一個烏漆漆的池塘，右側車庫旁有一小門，但被鎖住。有路，還很寬，不過久無人走，覆蓋一層厚厚的梧桐樹葉。

岱峻：您走是什麼原因？是因為曉園大姊家的關係嗎？

（註31）葉皓主編，《金陵文萃》，南京出版社，2009.01，第213頁。

南京五臺山1-2號袁曉園故居。

劉雨虹：我是一九四八年年底就到了臺灣。我跟陳誠的兒子陳履安同一架飛機到臺灣。陳誠在當時是臺灣省省主席，派人去接他的老太太，還有他兒子。陳履安那個時候十二歲（一九三七年生人），飛機是貨機，沒有座位，也沒有綁的，什麼都沒有。因為聽說有這個飛機，曉園就去給陳誠講，因為陳誠從前與曉園大姊是舊識，這才可以搭他的便機到臺灣。

那個時候南京樹都已經枯了，那是陰曆的十月初二，到臺灣一看，都是綠樹，我好高興。女兒琳達本來還有病，天天發燒三十八度，結果一到了臺灣第二天就好了。所以有時候病要異地療養，換個地方就好了。彭敬，還記得我講的這件事？

彭敬：記得。劉老師已經來了臺灣，當時他先生還沒有畢業，還在修金陵大學森林系沒有修完的學分。那時臺海局勢開始緊張，劉老師很擔心先生，還去廟裡求籤，然後籤上就說不用急，晚上會有消息。當天晚上就收到一封電報，正是他先生發過來的。

劉雨虹：哦，我先生還沒有畢業，差一個學分，為了那個學分回南京繼續修學，結果有一天共產黨來了，共產黨（一九四九年四月二十三日晚）佔領南京，後來（五月二十七日）解放上海。結果我先生袁行知，就從上海先到湖南、廣東啊這樣走。走到廣州耶，因為那個時候共產黨還沒有全部佔領。那時，國防部第二廳廳長叫侯騰，他是專門搞情報的，他跟我先生講，共產黨隨時會來，你放心，有消息我先通知你。結果共產黨未來，他倒先走了，根本沒有通知袁行知。我在臺灣沒有消息，後來我們開同學會，說新竹城隍廟這個籤最靈，新竹離臺北七十幾公里啊，結果我就跟他們去抽籤了。那個籤上講，意思是說，正在家裡發愁的時候，忽然鈴聲響，有消息了。大家也說劉大姊恭喜啊，袁大哥大概快回來了。當天晚上就收到電報，他已經

1980年代，王啟宗和孫毓芹（左）在臺北復青大廈九樓。

到了廣州了，你說這個籤靈不靈？上回你們去臺灣，我叫你們去抽籤，你們去了沒有？

馬宏達：當時沒有人告訴我們啊，所以錯過了，我們有路過新竹，在新竹還吃了午飯，但是不知道這個城隍廟籤這麼靈，如果知道就去求了嘛！

劉雨虹：其實新竹城隍廟的籤，後來呂夏也去抽個籤，說起來很可笑，我問她你問什麼事啊，她說問她的貓。

劉雨虹：王啟宗到了臺灣，他太太沒有過來啊，他就去找，結果坐車到了長沙，就在汽車站上碰見他老婆，你說奇怪吧！

劉雨虹曾在博客裡寫道：

啟宗道友就是王啟宗先生，他與我是小學同學，那是一九二七年在開封師範附屬小學時，他是五年楓級，我是一年虹級，在校時我們並不認識。這位王啟宗同學，二十五六歲在重慶時，已仰慕南師懷瑾先生了。那是一九四二年，南師赴峨嵋山閉關之前。可惜當時未能謀面，他常引以為憾。沒想到多年後能在臺灣相會，自此後，聽講必到，南師每書必買，是不折不扣的鐵桿粉絲了。（註32）

王愛華：那您先生是後來到廣東再想辦法到臺灣是嗎？

劉雨虹：是啊。那個王徵士最可笑，上海撤退去臺灣，有五個皮箱要上船，到那裡那個船員就說，你五個皮箱上不了，只能給你一個或者兩個，結果上一個，到臺灣打開一看是他老婆的高跟鞋。所以那個時候撤退，上海

（註32）〈啟宗道友〉，劉雨虹《談天說地：說老人．說老師．說老話》，南懷瑾文化事業有限公司，2020年出版發行。

外灘多少東西留在那裡啊。亂世發橫財的人有。還有那個時候啊，你知道，共產黨要來，國民黨在南京，那個時候已經火車不通了，然後國民黨支持在北京的這些人，是靠飛機，飛機飛行員都說幫忙政府撤退，不是撤退，是運送物資去的，回頭是空飛機，他們就帶客人啊，所以少數從北京到南京是坐飛機。唉唷，大家金條啊，一箱金條給我上吧。那時候飛行員叫誰上就誰上啊，都發財了。那個時候我弟弟是空軍，美國受訓，受訓完了成績很好，就留下來當教官，他就沒趕上這個發財。所以這個亂世啊，小財由儉，大財由命，不容易，莫名其妙讓你有錢，也可能莫名其妙讓你送命。是不是？

1953年劉雨虹在臺北家中。

馬宏達：到臺灣之後呢？

劉雨虹：一到臺灣，我在一個通訊社做記者。

馬宏達：哪個通訊社？

劉雨虹：華僑通訊社，在臺北。

華僑通訊社於一九四一年四月在重慶成立，隸屬於行政院僑務委員會。以報導海內外僑區僑社實況，溝通僑胞聯繫，激發僑胞愛國熱情，爭取抗戰勝利為宗旨。社長甘澐。每週發行通訊稿兩次，內容包括華僑通訊、僑教通訊、時事通訊及其他通訊等，供閩、粵及海外各地華僑報刊採用。因戰時郵遞梗阻，後改為每月發行通訊稿一次，並將海外僑社新聞供應國內報刊。抗日戰爭勝利後遷南京。一九四八年遷至臺灣。

甘澐，字志龍，福建閩侯人。一九四四年九月二十九日任國民政府僑務委員會僑務管理處處長。一九四八年四月任僑務委員會第

一處處長。（註33）

岱峻：在華僑通訊社那段時間，對您寫文章有幫助嗎？

劉雨虹：有，很有幫助，也很奇怪，我這一輩子的因緣太好了，那個社長嘛，甘澐（孟濤），他從前在美國幾個報紙做主筆，他從前還跟著孫中山革命呢。然後華僑委員會專門對海外華僑發佈訊息的單位，有一個通訊社，通訊社有經費，甘澐的女朋友跟我們認識，跟我們三姊是同學。甘澐就跑來跟我講，那時候他五十歲，我大概三十歲吧，他就跟我講，他說你來我這個通訊社作記者吧。我說我沒有幹過記者，不懂，我不去。他說容易得很，我教你。你看我運氣好不好。

岱峻：等於您剛到臺灣，就找到那麼好的工作。

劉雨虹：不是馬上，過了一年。一九四九年那一年，先是琳達害病。

（註33）劉國銘主編，《中國國民黨百年人物全書》上，團結出版社，2005.12，第323頁。

五〇年韓戰開始。然後甘霔非要讓我去，辦公室就我們兩個。然後他就跟我講，這個報紙怎麼辦，他說我告訴你。他這個人也是搞文化的，他說我們通訊社幹的事，把新聞報紙都拿來一看，哪些需要的剪下來湊到一起，發出去，就是通訊社，是這樣的，當時媒體不發達，就只有這一個辦法。所以在那裡，這個事那個事該怎麼辦，他老經驗了嘛，我跟他學兩年。

岱峻：這就是走到總編輯的一個過程。

劉雨虹：對對對，編怎麼編，話怎麼說，不能那麼說，你這麼說會怎麼樣，從前我們寫文章，寫到自己高興就好了，現在他要教你寫文章，不但你高興，還要不出毛病，對不對，這是慢慢學來的。他還告訴我，對作者作品應該尊重，除非是錯字或引用錯誤外，不可隨意更改；千萬不可自認學識高，當起了作文老師，把聲望高又資深作家的文章，隨意修改成自己習慣的文句。

一九五〇年六月二十五日韓戰爆發後，美國總統杜魯門命令第七艦隊到臺灣海峽巡遊，派美軍第十三航空隊入駐臺灣。此後，美軍正式向臺灣派出「美國軍事援助技術團」（Military Assistance and Advisory Group），並在臺灣成立協防司令部。美軍駐臺人員急劇增加，一九五一年僅一百一十六人，而到一九五六年已增加到三千多人。

岱峻：後來怎麼又離開了？

劉雨虹：我先幹了兩年記者。人閒不住，喜歡學東西，我在家裡學打字。後來我有一個同學跑來跟我講，說現在美軍駐防臺灣，來的很多，我們聯勤總部要有一個辦公室跟他們配合，要有會英文打字的，要我去。我說還沒有打得很好。後來他說沒有關係啦，去吧。結果我就去了，一去試驗打個字，那個頭手寫的稿子，都認識嘛，大概沒有錯字吧。當時聯勤總部的總司令叫黃仁霖，也是美國留學的，他很重視這個跟美軍配合的人，就說要英文口試，口試完了以後，英文也還可以吧，好像對我印象還不錯，那個時候會英文的人不多。

黃仁霖（一九〇一～一九八三），字順龍，江西安義人，生於

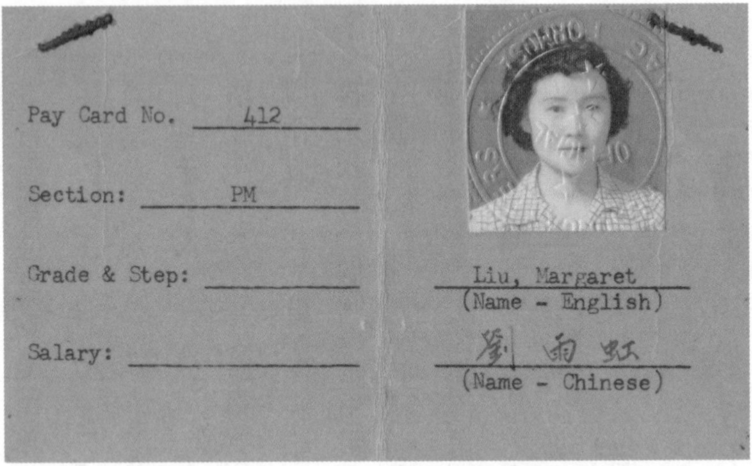
Pay Card No. 412

Section: PM

Grade & Step:

Salary:

Liu, Margaret
(Name - English)

劉雨虹
(Name - Chinese)

1950年代劉雨虹在美軍顧問團作臨時聘用的工資卡。

上海，東吳大學肄業，赴美獲梵德畢爾大學（Vanderdilt University）學士、哥倫比亞大學碩士學位，還曾在福特汽車學校學習。一九二六年秋，黃仁霖離美返國，進入其岳父余日章主持的全國基督教青年會擔任幹事八年。一九三四年經宋美齡推薦給蔣介石，被任命為勵志社總幹事（社長為蔣介石）。一九三六年西安事變發生後，黃受宋美齡的委託，與蔣的私人顧問端納一道飛赴西安，為蔣「護駕」。一九三七年三月黃仁霖接替錢大鈞為新生活運動促進總會總幹事。抗戰爆發後，他先後擔任國民政府軍事委員會傷兵慰問組組長和戰地服務團主任之職，後者在一九四一年陳納德組織飛虎隊來華助戰後，主要以盟軍為服務對象，抗戰期間該團招待的美軍，「最多時曾達四萬八千人，招待所達一百五十六處」。黃因此被人稱作「招待將軍」。一九四三年他隨侍蔣介石出席了開羅會議。一九四五年美國政府因此授予他「司令級功猷勳章」。一九四六年，黃奉命全權招待北平軍事調處執行部國、共、美三方有關人員。全面內戰爆發後，他主要負責招待美國軍事顧問團。一九四七年赴美考察軍事後勤業務，旋出任聯合勤務總司令部副司令。遷臺後，於一九五四年擢升聯勤司令，一九五五年晉升為二級上將軍銜。

岱峻：能進去美軍顧問團跟你在金陵大學有關係嗎？金陵大學的外語好，老師也有用外語講課的。

劉雨虹：我們那時候沒有外語教課，不過校園中多少沾染一點。後來因為我愛看小說，小學看《紅樓夢》啊什麼的這些，中學看翻譯小說，大學看英文小說，自個學的，不過說話不大會，就是慢慢練習的，至少別人說什麼我能聽懂嘛，對吧。到了臺灣，我不是沒事在那裡學英文，學打字，對吧！當時，黃仁霖是聯勤司令，二級上將。他就跟我講，我一定給你安排一個好的工作，一下子就把我安排到美軍顧問團。我在美軍顧問團，一天八小時講英文耶。

教育部

MINISTRY OF EDUCATION

TAIPEI TAIWAN

CHINA

December 25, 1954

TO WHOM IT MAY CONCERN:

This is to certify that Miss Liu Yu-hung (劉雨虹) completed her two year courses of study in the Junior College of Horticulture, University of Nanking, Nanking, China, in July 1947.

Sun Tang-yueh

Sun Tang-yueh, Director
Department of Higher Education
Ministry of Education
Republic of China

1954年教育部頒發英文金陵大學畢業證書。

岱峻：劉老師您在軍隊裡穿軍裝嗎？

劉雨虹：不穿，我只是美軍顧問團臨時僱員。那時聯勤總部需要會英文的人，那個時候會英文的人不多。

馬宏達：在美軍顧問團多久？

劉雨虹：十二年啊。我在美軍顧問團的待遇是以美金計算的，美金在美國人來說很便宜，二十幾塊錢，可是比起當時臺灣的待遇又多了一兩倍啊。我在臺灣的時候，我母親一直住我們家，後來我蓋房子的時候，她要自己出一部分錢，我母親有錢嘛，我弟弟死了，空軍有撫恤金，幾萬塊啦，我說你那個錢擱著也沒有用，我說這個房子你出一部分錢，住在這裡理直氣壯，對吧。後來我母親一聽，對啊，所以後來我那個房子改建四層，我有兩層，有一層她有一半的。宏達啊，人活一輩子，磕磕碰碰的，太不容易了，要懂變化。

馬宏達：在美軍顧問團您具體做什麼呢？

劉雨虹：美軍顧問團我工作那個單位是屬於員警，還有刑警。我在美軍顧問團可出風頭了，為什麼？軍事法庭也把我找去當翻譯。美軍開軍事法庭耶，牽扯中國人嘛，要翻譯嘛，在美軍顧問團做工作的人都不敢去，害怕，不去，沒有辦法就找到我。

馬宏達：怕什麼呢？

劉雨虹：美國人開軍事法庭，中國人在那裡，萬一沒有說對，不是害他嗎？就不敢去擔任這個翻譯的工作。那一次軍事法庭是因為一個美國人撞到人，還繼續開車走，這個在美國是犯刑事的。

馬宏達：他主要是抓這個違犯軍規的人。

劉雨虹：對啊，這美國人違規，就是有一個美國人撞到中國人，撞到中國人，反正撞到了，他不下車來繼續走，在美國是犯法的。

馬宏達：這個部門等於是憲兵性質。

劉雨虹：對，憲兵，美軍顧問團我那一組，中文翻譯叫憲兵組。所以好多笑話啊，憲兵組有刑事員警嘛，他們有一天要約一個美國太太，美國軍人的太太，讓我進去。

馬宏達：美國人啊？

劉雨虹：對啊，美國太太就跟這個中國司機好，他們不是有配吉普車給他們嗎，美軍的太太，校官的太太，就跟本地人，臺灣的司機通姦，這個是違紀的，因為美國人就覺得他們很有錢，他們到了臺灣是老大，結果自己的老婆就跟司機有姦情，這個事也是違紀啊，結果就審判，找來問話，就叫我坐在旁邊。我說你們都是美國人，找我來幹嘛，又不需要翻譯。他說你不知道，我們美國人壞得很，如果沒有防備，她會說我們對她性騷擾性犯罪或什麼，說我們美國的女人怎麼壞怎麼壞。然後有很多奇怪的案子，都發生在這個地方，你就看到哪個社會都是不可告人的事情很多。還有那個時候美國人規定，就是你是兵士，你坐飛機要去香港，去哪裡，必須坐頭等艙，因為美國人有錢。那些兵講，我們是美國兵，我們哪有錢坐頭等艙啊，太不合理。這就是美國那個姿態啊，老大，覺得了不起，征服者，就是那個姿態。所以劉自然事件，蔣經國鼓動去鬧美國大使館。

岱峻：那是怎麼一回事，他走私？

劉雨虹：劉自然事件，劉自然也不乾淨。不是美軍顧問團有福利社嗎，東西很便宜。一些美軍軍士從他們福利社買東西出來倒賣，賣到中國市場，就要跟臺灣當地的混混結合嘛。跟他來合作，他拿到外面去賣。可是美國人兩任就要調走，劉自然一看他馬上要調走了，最後這一批貨就不給他錢。這個人不氣嗎，所以就找個藉口開槍把他打死，說你過來我跟你談話，就把他打死了。問他為什麼打死這個人，他說我太太洗澡，他在外頭偷看，英文叫Peeping Tom，這是一個名詞。美國人自衛嘛，都有手槍，這樣講。

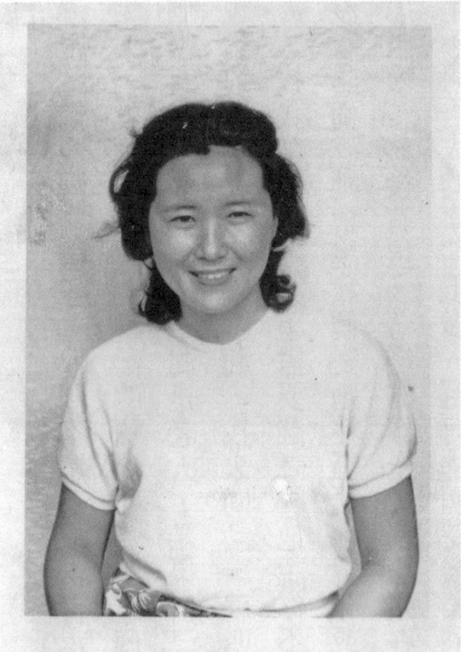

1953年劉雨虹在臺北。

當時蔣經國為了這個事，就動員人去鬧美國大使館，因為美軍沒有治外法權，中國可以把這個打死劉自然的人抓走，結果先把打死劉自然的那個美國人帶來我們辦公室。怎麼辦，趕緊快快送回美國，就沒事了嘛。所以去鬧大使館。其實怎麼鬧，就扔磚頭嘛，就搞這些事。這個外國有個報紙講，說臺灣咬了餵他的手，像你餵狗吃東西，那個狗咬你一口。所以那個打死劉自然的人，我們憲兵組就先把他搞來辦公室坐一會兒，說怎麼辦啊，趕緊就把他弄走。

一九五七年三月二十日半夜十一點多鐘，「革命實踐研究院」上校職員劉自然，到距離工作地點不遠的陽明山美軍官舍找美軍上士雷諾。兩個人合夥做生意。雷諾和臺北美軍基地PX（美軍福利站）熟，PX商場大部分商品甚至比美國本土都便宜。於是有很多像雷諾這樣的美軍官兵便想盡辦法把PX的商品盤到臺灣民間市場，轉售當地商家賺外快，轉手之間，可獲暴利。美軍有一條內規，嚴格限定官兵不可以盤售PX的貨品到外面轉賣，違例者將被即刻遣返美國本土，並接受嚴厲處分。所以劉自然坑了雷諾不少貨款，吃定雷諾拿他沒辦法。當晚，劉去雷諾家門口按電鈴，雷諾來應門時，見來人是劉自然，就隔著門前的矮籬笆，兩人爭吵起來，吵得不可開交，雷諾拿起軍用手槍，當場朝劉自然開了兩槍。

眼看已出人命，雷諾要太太打電話通知憲兵。半小時內，陽明山員警所也出動了幾名員警前往調查這樁槍擊命案。員警到達現場，當下判斷這是一件槍殺命案，美軍士兵雷諾涉有重嫌。可蔣介石當局和美國簽訂的「共同防禦條約」，承諾給予駐臺灣美軍官兵與美國駐臺「外交人員」同等的「外交豁免權」。所以，陽明山警所的員警要帶走雷諾，及時趕到的美軍憲兵立馬出面制止。雷諾在美軍顧問團成立的簡易軍事法庭上，為了脫罪，雷諾供稱，那天晚上太太正在洗浴，窗外有人偷看。他取了一把自衛手槍，由後門朝屋外走去，見到人影晃動，開槍射擊，擊中劉自然要害，當場倒臥血泊。

劉自然命案訊在臺灣傳開後，引起島內輿論洶洶，臺灣傳媒言論尺度如脫韁野馬，失去監控。最後法庭上經陪審員投票裁決。法官菲爾德上校宣佈「投票表決，宣判無罪。」劉自然遺孀劉奧特華當場泣不成聲。第二天上午十點剛過，她舉著中英文抗議字牌到美國「大使館」門口抗議。引得民眾同情，半小時後，忽來大隊員警，聲稱應美國「大使館」請求，來此疏通劉奧特華女士。劉奧特華的血淚控訴，引得看熱鬧的群眾漸漸增加。國民黨機關媒體「中國廣播公司」新聞記者，拉著答錄機，也來到現場。通過廣播電波，劉奧特華的抗議哭聲傳遍了全臺灣。人群中有人高聲大喊：「雷諾已經坐飛機走了！」人們的情緒被點燃，午後一點十分，有少數民眾翻越美國「大使館」的圍牆。周圍群眾聚集了上千人，有人往院牆裡「大使館」的主建築丟擲石子，之後，更多的圍觀者衝進「使館」辦公區，砸毀房內傢俱，有民眾衝上屋頂，扯下美國星條旗。還有人把美國駐臺灣「大使」藍欽辦公室重型公文保險箱撬開來，拿走一整套機密公文……下午五點，警務處長樂幹宣佈戒嚴，開始用水龍頭沖散人群。根據估計，傍晚以後，臺北警方為了控制場面，採取鎮暴手段時，打死三名群眾，打傷了三十八人，並逮捕一百一十一人。……（註34）

岱峻：後來呢？

劉雨虹：後來美國人就拍賣，美國人就說我們大使館被打了，我們汽車受損了，賣掉。凱迪拉克的汽車，其實沒有受損，結果誰買了，孫海，孫靜源的叔叔。我們說你買了這個車子，我們要去南部，借我開吧。我們把我們自己的車給他，我們就開他的車。我跟你講你開過凱迪拉克沒有，唉唷真厲害，結果我開車的時候，我先生在旁邊，他說一百多了，一百多了，你小心。車子穩得不得了，你不知不覺就很快，那時公路還沒有那麼好，嚇死我了。有人問我開過什麼車子，我開過各種車子，美國大使的車子也開過。

（註34）摘自《蔣介石心傳》，王豐（著）現代出版社，2016年版。

1954年劉雨虹離開日月潭的路上。

馬宏達：那砸了大使館怎麼收場呢？

劉雨虹：沒有收場，不了了之。那個劉自然不是死了嗎，劉太太就坐在大使館門口哭，然後大家就罵這個美國人啊，怎麼樣怎麼樣，然後一群人就上來，對美國大使館又丟瓶子，丟磚頭，就是這樣。後來外國的新聞報導說什麼，說臺灣咬餵食的手。

事後，蔣介石親自召見美國「大使」藍欽，向他表示道歉，也讓雷諾徹底逃脫了法律的制裁。這件事之所以會鬧大，是跟蔣經國有關，甚至有個別學者認定蔣經國就是「劉自然事件」的幕後主使。

馬宏達：南老師當年想寫回憶錄，後來因為精力不太允許了，再則，很多事也不能說。

劉雨虹：老師不是說了一段嗎？

馬宏達：就說了一段，沒辦法講。還有關於流年八字。

劉雨虹：你問我什麼時候開始研究這個事，我是在美軍顧問團結束了，那陣子經濟也不錯，然後我沒事我就看兩種書，一種是算命，一種是中醫，我每天就看這些書。

岱峻：所以，我看您寫的那段時間的蔣介石還是蠻有民族氣節。當時不是美國人要把你們的軍費、生活費給全包下來，包下來實際上就變成是歸他管了，真正把臺灣變成殖民地了。

劉雨虹：我說蔣中正，你看他的名字，不管誰給他起的，一個中正，一個介石，他永遠守住這個原則，自主自強，不作外國人的奴隸，永遠要中正，中國人的精神。

馬宏達：這是在美軍顧問團的證件嗎？您在美軍顧問團十二年時間不短

啊。

劉雨虹：我看一下，對，這是在美軍顧問團，領薪水的卡片。後頭寫的就是老百姓，僱員啦，就是平民百姓，不是軍人。五十年代在美軍顧問團工作，那時候我們的待遇是美金計算的，折合臺幣，我們薪水很便宜，美金二十塊什麼，是美國工人的待遇，可是中國人的待遇還不到十塊美金。這一堆是我在美軍顧問團工作，所有美國的長官給我寫的讚揚信，就是說工作表現多好啊，因為你沒有這個信續聘就很麻煩。

1950年代末，劉雨虹在臺灣海邊。

第七章　先生與女兒

岱峻：我們剛才聊的陝北公學栒邑分校那個看花宮，你們那個老師講話講得很藝術，說那些男生把草都踩死了，男生裡面有袁行知先生嗎？他比你年紀大？

劉雨虹：同歲，同班，他八月生，我五月生，我比他大三個月，我們兩個在延安認識的，不是栒邑。經過四年以後我們才結婚，並不是一開始就以他是結婚對象，就是一般的同學，同學有時候合得來，有時候合不來，然後離開延安以後，他去那裡，我去這裡，不在一起。

岱峻：寫信嗎？

劉雨虹：寫信啊，因為那個時候同學不光是他，還有別的同學彼此也都通信。

延安陝北公學舊址。

岱峻：你們的性格有哪些相似？或者有哪些互補？

劉雨虹：我們兩個人剛認識那幾年，不是男女朋友，只是普通的同學，那時候年紀輕嘛，你看我們兩個人混了四年不是一直都在一起啊，有時候在一起，有時候不在一起啊，同學時間久了比較投緣嘛，才結婚的。

岱峻：沒有一見鍾情，慢慢有點丟不開，離不了那樣。

劉雨虹：也不是，也很奇怪，後來他見我們陝北出來以後，他們家的人已經有人在四川成都，那我們家只有我一個人在外頭跑，沒有別人啊，後來他先去四川，我們不是還有同學嗎，他就講你們來四川吧，反正我們同學大家都方便嘛，我另外還有一個同學，女的，叫蕭月琴，我們說好嘛，就去了，是這樣的。

岱峻：哦，是水到渠成。袁先生高大嗎？

劉雨虹：不算高大，大概一米七。

岱峻：長得很儒雅嗎？

劉雨虹：他們袁家人就是那樣，長得還不錯，說不上來，這麼多年了，我們兩個人婚姻搞了四十年耶，也很久了。

岱峻：武進是袁先生的老家，他生在北京？

劉雨虹：根本沒有去過武進啊，他父親是北京交通銀行的經理，所以他就生在北京，可是他母親是四川人，所以他們家裡人也講四川話啊。我寫《袁曉園的故事》就寫到他的母親，十五歲結婚，嫁給他們家，他家也是有功名的，什麼舉人狀元啊，我也弄不清。他母親生他是第十個孩子，然後袁曉園是最大的，他們兩個差十九歲。前頭幾個，有兩個過世了，兩個共產黨，離開家走了，好像只有他還在家裡，他十歲母親就死了。

我的脾氣比較不好，性子有點烈，他是比較溫和，兩個人才能相處啊。還有啊，因為他從小失去母親，所以有很多情形碰到什麼狀況，不曉得該怎麼辦。小時候家裡看父母怎麼處理事情，會知道對吧，他因為沒有這個，他小時候他媽愛打牌，一天到晚坐在牌桌上，然後他放學回來，就自己玩，有什麼事家裡聽差的幫他解決，是這樣的。他所以碰到我，我們兩個投緣。有時候幹什麼，我說這個事就這樣辦就可以了嘛，緣份就是這樣。

岱峻：當時您跟袁先生兩個，他也在先修班。

劉雨虹：他也在先修班。我們兩個是延安認識的，那時，我的名字是「劉雨」二字，我與在延安時的同學「蘇牧」，也就是袁行知在路上結婚。我們婚後仍彼此互叫筆名，以致後來袁家的人對我都以劉雨相稱。

岱峻：為什麼要在路上結婚？

劉雨虹：為什麼？他們袁家要舉行新婚慶典，我說不行，我娘家的人沒有一個人在這裡，我嫁人娘家沒有人，我不丟臉嗎？對不對？好了，登報，我們兩個人說我們登個報紙結婚了嘛，也沒有人管啊。對啊，那個時候結婚很簡單。

岱峻：在什麼地方登的報呢，在重慶還是哪個地方？

劉雨虹：我們從重慶到成都的路上，半路。不是要過夜嗎，不能一天到啊，好像是中間停什麼地方我忘了，中間停一站過夜。

岱峻：是不是內江？

劉雨虹：對，內江。

岱峻：那可能是在內江登的報，登報就是四三年結婚了，那第二年，一九四四年就生了琳達？

劉雨虹：就是四四年嘛，一九四四年生琳達，生了孩子在家裡待了一段，不到一年。我們結婚以後，家裡也是我做主的時間比較多，他也應該算從善如流吧。

馬宏達：您先生袁行知（一九二一～一九九七）先生到臺灣之後做什麼工作？

1959年袁行知與姊妹行毅（左）、曉園（右）在紐約。

劉雨虹：他是金陵大學學森林的。金大森林系在國內成立最早，影響蠻大的。臺灣有個林務局。一到了臺灣以後，我們金大老同學有一個叫陶玉田的，做林務局局長，然後他就跑去陶那裡。給他一個什麼工作我忘了，是林務局臺北有一個站，就是那個站裡的頭，先是技士，後來變技正。那時，就跟那個蔡小虎的爸爸在一起。那個時候普通的待遇，在林務局一個月六百塊，七百塊的樣子。

岱峻：他後來又去了農復會？那時是臺灣經濟起飛的初期，森林學恐怕很需要？

劉雨虹：美援來了，要幫助臺灣的農業，然後就搞一個農村復興委員會，這個復興委員會，三個中國委員，兩個美國委員，是拿錢幫助臺灣農業站起來的。成立這個以後就挑人啊，結果就把我先生也挑進去了。結果到了農復會多少錢你知道嗎？兩千四，然後不好意思講那麼多錢，就講我們二四〇〇時代。那個李登輝後來也在農復會的，他學農業的。蔣彥士是農復會的委員。

農復會，是中國農村復興聯合委員會的簡稱，一九四八年十月在南京成立。一九四九年八月，隨國民黨政權將總部遷至臺北。農復會獨立於政府之外，由三名中國委員和兩名美國委員組成，享有獨立的人事權力及充足的美援經費來源。從一九四九年春起，農復會開始參與臺灣農村建設。在一九六五年美援停止後，農復會經費改由「中美經濟社會發展基金」提供。

農復會遷臺後，他們利用知識和經驗，運用美國的經濟援助（每年從援華經費三點三八億美金中撥付不超過百分之十作為其運作經費），推動臺灣土改、農會改組、生產技術的創新與推廣等，並協助國民黨政權完成對臺灣農村社會改革。主要做了以下幾項：一、為臺灣耕者有其田的土地改革提供專業智力支援，如實施「三七五減租」等；二、改造臺灣農會，把農會權力還給農民；三、改進臺灣農業的基礎設施建設，發展農業技術。在推進土改和農會改革的同時，農復會將主要的精力放在了促進生產上；四、推進臺灣農村社區建設，完善基層地方自治。

農復會主持人是蔣夢麟，主要領導者有晏陽初、沈宗瀚、錢天鶴等。

岱峻：袁先生去了農復會，您知道沈宗瀚先生嗎？

劉雨虹：農復會五個主任委員，沈宗瀚是一個嘛，還有一個後來跟蔣經國做祕書的。

岱峻：沈宗瀚算是你們老師嗎？

劉雨虹：我沒有上過他的課。不知道他是不是教過袁行知。他原在臺灣中國農村復興委員會。當時是蔣夢麟當主任委員，蔣夢麟覺得臺灣的農業落後我們要想辦法，美國也幫忙嘛。

岱峻：好像還有一個金陵大學的李國鼎。

劉雨虹：李國鼎是後來的，他是搞經濟的，他不是農復會的。那個李登輝也是農復會的，袁行知在農復會的森林組。

1958年前後，劉雨虹在臺北。

馬宏達：袁先生他在農復會做什麼？

劉雨虹：做技正。是技術人員的職階，在廳（局）中，最低技佐、技士、技正，最高為「技監」。

馬宏達：等於工程師，技術方面負責人。

劉雨虹：對。他是搞森林的，當時孫靜源的叔叔孫海，請他寫文章啊，我看他在農復會，搞這個事，搞那個事。

馬宏達：那他的工資翻了幾倍？

劉雨虹：對，我先生在林務局工作就是六七百啊，到了農復會二四〇〇。那時候我們還住林務局宿舍，後來林務局說你們都到農復會了，還住我們的宿舍。沒有辦法，我們兩個就天天出去找房子，一共看了一百多棟房子啊，最後選了那個房子，是法院標賣的，我們標到了。那個房子我們住了十年，後來改建四樓。後來國熙（註35）問我，你給南老師做義工，吃什麼

（註35）南國熙，南懷瑾先生之子。1957年出生在臺灣，8歲時去了美國，畢業於西點軍校。

啊，好像我沒有飯吃。我說我告訴你好了，我八萬塊標買到房子，十年以後變成四樓，賣了幾百萬。他說哦，原來如此。那個時代啊，金錢都是奇怪的。

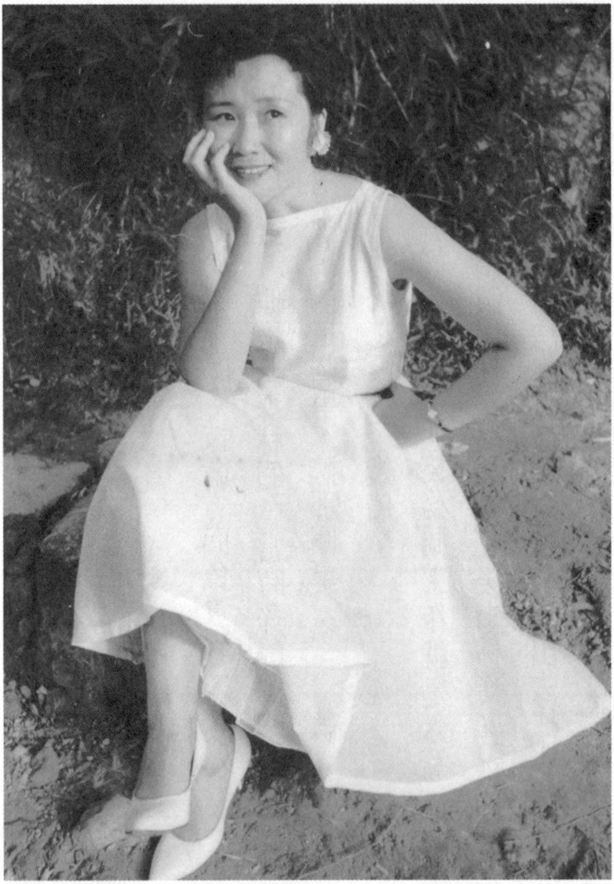
1960年前後，劉雨虹在臺北。

馬宏達：碰到機運。

劉雨虹：對啊，不是你謀來的啊，他就自然來的。我先生在美國念的明尼蘇達大學。他只念了一學期。可是他一個外國留學生，門門都是A。結果美國回來，不久就去農復會。後來聯合國糧農組織邀請去美國。因為我跟他去過延安，所以（情治部門）不讓全家走。我只能留在臺灣，在美軍顧問團做翻譯工作。

岱峻：袁先生後來去聯合國糧農署，糧農署的章之汶先生……

劉雨虹：章之汶是我們農學院院長，他是很有名的學者嘛。

岱峻：他也在糧農署啊？

劉雨虹：他在聯合國，那個時候叫糧農組織。

岱峻：那跟章之汶有沒有關係？

劉雨虹：也沒有，就聽說章之汶在那裡，就寫信給章之汶的糧農組織，後來我就跟袁行知講，我說你看這個糧農組織有糧食，有農業，沒有林業，我說你是學林業的，你寫封信給他，他一定會要你。

岱峻：是寫給章之汶嗎？

劉雨虹：不是，是寫給糧農組織，說我是學林業的，我願意在你們這裡工作，作貢獻，人家馬上要他了，你看人的運氣。他就進了聯合國糧農組織。那是女兒保雲兩歲時，一九六五。他在聯合國糧農組織，大概搞了兩年，後來他就不幹了。

岱峻：四川話說，從米籮兜又跳到了糠籮兜了？

劉雨虹：後來袁行知他說他要回來臺灣搞實業，又是怎麼樣，就辭職不幹回來了。曉園大姊在美國就講，五弟啊，聯合國機構進去以後永遠用不著出來，這個工作完了他給你派另外一個，待遇又好，待遇那個時候三千美金一個月，而臺灣的工資才六百塊臺幣，你看差多少。拿著聯合國的護照到處可以去，她說你怎麼能辭去職務不幹？其實他已經有躁鬱症了。

彭敬：劉老師，能不能請您談談袁行知先生後來的情況？

劉雨虹：他說回到臺灣要搞王永慶那種企業，要搞林業方面的企業。臺灣的紙漿是從印尼進口木材，他說他要去搞，自己進口，用海邊的紅樹林作紙漿原料。結果運了一船來，全臺灣轟動。這個袁行知可以解決這種問題，結果人家就邀請他做顧問。其實那會兒他已經有了躁鬱症。躁鬱症跟老人病有關係，很痛苦。他的情緒不對，把我們存的錢統統浪費完了。同學有一個太太是寡婦，他說我們合作吧？他以為人家願意跟他結婚。他就回來跟我講，什麼事都是你做主，搞得我窮愁潦倒。我說你覺得跟我在一起不對勁？那我們就離開吧。離婚三天，他去找那個女的，說我們結婚吧。人家說我不嫁給你。完蛋了。三天以後。又給我寫信。要恢復婚姻，我把信撕了丟字紙簍。為什麼？跟他多年的感情，他假如說起了可憐的話，我又怕自己心軟，又同情他，我不看他的信。你知道躁鬱症，心裡要做什麼事，精神有問題。

岱峻：很早時候袁老師就有躁鬱症？

劉雨虹：他早些時候沒有，他躁鬱症的時候已經六十幾歲了。

岱峻：躁鬱症是時而狂躁，時而抑鬱，忽起忽落的，狂躁的時候就要服讓他安靜的藥，抑鬱的時候用讓他興奮的藥。這個應該有潛性的病灶？

劉雨虹：躁的時候覺得自己無所不能，用藥就是使他在躁和鬱的中間。

有人永遠不會得這個病，這個不是感冒，不是傳染病啊，是根裡頭有這個東西的。

岱峻：遺傳病他們家族根裡頭有嗎？

劉雨虹：譬如他三姊，法國留學的，程度很好，後來也是發病，他們是近親結婚的。他們家跟四川關係很大，很多娶親都是四川人。

岱峻：這以後就與袁先生逐漸分手了？

一九八六年十二月，劉雨虹與先生袁行知結束四十三年的婚姻關係。是年因房屋在劉雨虹名下，夫妻財產分割，需要賣屋舉債，一時間陷入經濟危機。（註36）

劉雨虹：家裡有錢，家裡有些古董啊，字畫，離婚後他的都歸他。家裡的東西，他就慢慢賣吧！然後，我雖然跟袁行知離婚，我知道他是精神有問題，所以他的一切資料、背景、著作一切東西我沒給他，我替他保存，怕

（註36）劉雨虹編《懷師的四十三封信》78-79頁。

他亂丟啊。後來我始終還幫著他，為什麼？他算是有病，也不是人壞，對不對？曉園大姊在北京當全國政協委員，我就講，他跟我離婚了（一九八十年代中期），他在聯合國工作的資料我就寄給他姊姊，我說讓他到北京去吧。不過我也年紀大了，我也照應不了他了。我說他到了北京再娶個年紀輕一點的，然後也可以照應他，將來也有些遺產給她，不是很好嗎。

曉園大姊開始不願意。她說不行，精神有毛病的人不能來。我說他是你弟弟啊！我照料不了了，你不照應怎麼辦？我說他吃了藥可以穩住，有一種藥吃了以後就正常了。最後曉園大姊同意了，住在她家，就給他家的小阿姨好上了。差五十歲！他說嫁給我，我以後死了，又有汽車。你一輩子都掙不來呀。那個女的長得很漂亮啊！結婚了，生兩個孩子。兩個兒子，過來看我，我還帶他去看老師。他媽又嫁別人，又嫁別人給這個又生了，給那個又生。也很可憐。

袁行知在北京過得很自在，和胡啟立打網球。北京有留美同學會，很熱鬧。結果我到了北京，我們那個大姊夫葉南就講，我請你吃飯，要不要喊小五來，袁行知在家裡排行老五，我說不要，我現在不要跟他見面，見面他舊情復燃不是又麻煩嗎，對不對。結果等到他過世了，我始終沒有跟他見面。七十七歲過世，白血病。他有病很痛苦。你看人生啊，曉園大姊快一百歲了。袁保雲在臺灣接到了消息說她爸爸有病。就辦手續，手續剛辦好，人還沒有去，他過世了，白血病。

我們那個時代的男女朋友啊，一群男生，總有一個你比較接近的，然後那幾個知道你比較喜歡這個人，那幾個就在那裡排隊等，然後過一陣你跟他有什麼吵鬧啊，那些就趁虛而入，對吧！所以我跟袁行知認識多少年以後才結婚，這中間有些進展，也鬧翻，從前也不是男女朋友啦，同學而已嘛。同學有陣就發展得比較積極，稍微積極有時候就鬧翻，別人就趁虛而入了，又過了一陣子又變了，所以這個事不一定。人的因緣很奇怪的。不是有個電影講的，女友結婚了，新郎不是我，就是這個意思嘛。

二〇二〇年九月二十六日，彭敬從上海某醫院出來，他剛去探視病床上的劉老師。他在電話裡告訴我，劉老師專門談到心裡一直

1970年前後，劉雨虹與母親在臺北家中。

覺得對一位姓安的先生有歉疚。這件事袁行知先生也知道，他是他們袁家的朋友，在西昌時又是同學，雖不在一個班，卻像劉老師的影子。

一九四二年春夏，他們離開西昌回到成都。劉老師住在市中心女青年會。安先生天天來找。一次，他們三人，即劉老師和袁先生、安先生相約去電影院看電影。劉老師耍個心眼，臨陣脫逃，把兩位男士晾在那裡，然後轉身去了另一家電影院。但電影要開演時，鄰座來了一位男士，殊不知正是安先生。他說，那個電影什麼好看，我就在這邊陪你。

劉老師在病榻上說：「他對我這麼好，從來不說一個字，有事替你辦，什麼都幫你辦。不管你幹多少壞事，他絕不過問。當時年輕啊！就覺得不稀罕。現在年紀大了。這個人實在難找。他一輩子沒結婚。沒去臺灣，聽說很早過世。哎呀，麻煩麻煩，我也不知道。所以我老覺得欠他的情吧！」

岱峻：劉老師，我還想請您談談大女兒琳達。

劉雨虹：一九四八年年底，坐飛機到臺灣。那個時候女兒琳達害病，老發高燒，結果看了多少醫生都沒有結果，吃藥打針都不行，發燒四十度耶。最後曉園大姊不是外交官嗎，她外交社團有時候有會議，她就說家裡孩子有病，我不來了。後來英國大使館的大使就講，你孩子有病，我們這裡正好有一個英國來的小兒科醫生，去給你看看吧，結果看了說立刻照X光，一照X光，血管裡頭有結核病菌，不是肺結核，而是血管，正好那個時候美國發明了新藥叫鏈霉素，專治這個病的，那個藥從美國怎麼來啊？又麻煩美國大使館用外交郵袋，從美國寄過來，四個鐘頭打一針，就這麼搞，搞了一陣子後溫度就降下來了，降到三十八度了，可是就不再降了，總有那麼一點發燒。後來怎麼辦啊，那沒有辦法啊，不是就坐飛機去臺灣了嗎，一到了臺灣，從窗外一看好綠啊，美麗的寶島，結果下了飛機啊，就直接進臺大醫院，到了醫院以後啊，睡了一夜，第二天早晨，醫院只給吃飯，沒有菜，就是臺灣的蓬萊米，很好吃，結果吃了以後量溫度，溫度就正常了，你看奇怪吧。後來怕溫度又升回去，在醫院又待了一段時間，算是沒有病了，回家，是這樣的，這是哪一年啊？

岱峻：這已經是一九四九年了。

劉雨虹：琳達四歲的時候，也就是一九四八年就過繼給曉園大姊，所以她不姓袁，姓葉，所以我現在寫東西說，我唯一繼承人是袁保雲。琳達姓葉，她繼承葉家的財產耶。

馬宏達：那她的大名叫什麼？

1962年葉南、袁曉園夫婦與女兒（中）在紐約家中。

劉雨虹：葉玲玲啊。

岱峻：那您跟琳達的關係就比較淡，她在葉家過她的日子。

劉雨虹：本來就不在一起。她跟著他們到外國，後來又到美國，我到琳達十四歲才第一次又跟她見面。後來在臺灣，她大了結了婚了，有時候才有聚會，小的時候根本不在一起。我跟你講，她的個性完全就是袁家人的個性，愛花錢啊，就是亂花啦，所以不久以前我給他們寄錢，我看我有

1964年，劉雨虹與小女兒袁保雲。

幾十萬的版稅，這麼多怎麼花啊，我就這些朋友親戚在美國的，我就說分一點給他們吧，然後我就分給她五千美金。她現在在美國也工作，也有退休金，是這樣的。她的媳婦還講，她還是喜歡亂花錢，說我這個琳達，她說你給她的五千美金，要不要分幾次給她，一個月給一千，我說不要，錢給她，她亂花是她的事，她丟了也可以，我說通通給她，讓她痛快一點。

她後來年紀比較大了，常

來臺灣，大家聚會啊，吃飯啊，這樣。可是葉南死了以後有財產啊，很多錢啊。兩岸開始要合作的時候啊，葉南是中國人，他父親的關係，他又跟那個叫什麼，我現在一時忘了，有關係，他要到中國探探路吧，好了，美國各大企業，每人給他十萬美金，說你去看看，我們有機會沒有。他光一動身，十萬二十萬美金就已經有了，所以那個時候很有錢，跑來跑去。

馬宏達：琳達在北京還住過幾年，也作過一些投資。

岱峻：劉老師，您怎麼看二女兒保雲？

劉雨虹：袁保雲出生在一九六三年。我們相處得很好，像姊妹。我跟她爸離婚時候，那時袁保雲上小學，五年級六年級。她對我說，你們兩個吵架，我就跟我爸爸。你會照顧自己，我爸爸不會。結果有一天，滿桌子都是早餐。他把早餐摔在地上。袁保雲說，媽，我們走吧！我說，袁保雲，你不是要跟你爸爸嗎？幾十年來，我的生活中，可以說袁保雲功德無量。一九八五年二月，我母親在苗栗去世，也是她照應的；我姊夫趙春翔一九九二年十二月在苗栗去世，是她照應的；我姊姊在苗栗去世，也是她照應的。

岱峻：女孩子最難過的是戀愛這道坎吧？

劉雨虹：從前我就教袁保雲，我說哪個男生追你啊，你雖不喜歡，你可以跟他有友情，對吧！我說你總要感激人家對你好，也是很可貴的嘛。有些女孩子，討厭啊又是什麼，不可以這樣。

1980年代初，劉雨虹與女兒袁保雲在臺北雲和街家中書房。

女兒保雲又是怎麼看待自己的母親的，馬宏達就此採訪了保雲。

馬宏達：保雲，也想請你談談和媽媽的關係。

袁保雲：這裡有一封給媽媽祝壽的信，是在去年（二〇一九）寫的。

最親愛的媽媽：

首先要祝福您「仙福永享，壽與天齊」，這是金庸筆下小妖給老妖祝壽之詞，被我借用一下，祝福您無論何時都能平安健康、歡喜自在、吉祥如意。

這次能有機會陪您一同觀看《都挺好》，讓我再度感覺我是一個幸福的有福之人。一來我的媽媽還認識我，這在現代已經成為一個奢侈的要求。二來從我小時候開始，我們一直有著很親密的母女關係，有錢一起看表演、吃館子，沒錢一起逛三商、逛書店。聽免費的課，例如老師在青年戰士報講《孟子》。不管爸爸在不在身邊，有您在，這個家就有主心骨，不會亂了套。

您常說「妳去看看人家哪個父母如何如何的……」，要求考第幾名什麼的，其實這些並不是我最感激的，我最感激的是您對我「沒有結婚」的想法沒有干涉。看看現在的中國，仍有一大批可憐的父母，跑到公園去為兒女相親；一大批可憐的兒女被不依不饒的長輩父母關心催婚。凡是知道我情況的人，都會問一句「妳媽沒催妳！」我說沒有，大家都說在這個年紀還有這麼豁達想法的人是真開明。

活到現在我也快六十歲，擱在別人家早已是功成名就、子孫滿堂。我一直屬於沒有任何野心企圖心的人，所以從來沒有任何成就能彰顯父母。這也是我對您感到慚愧抱歉的地方。不過，有任何人與我相處時能感覺到溫暖、開心或是幽默，我相信我內在的樂觀部分，是承襲自您和老爸的優點，淡泊名利也是我感謝父母給我的好品質。雖感不求長進，但也省去不少「求不得」苦的麻煩！

您曾教過我的另一句話，我也始終記在心裡，那就是「以色事人者，色衰則愛弛」（註37），所以我相信不慕名利，就不會出賣自己用「色」來換取。

那天您說二一號當天（註38），一定有人「不約而同」的來，您想搞個抽獎，頭獎一萬，就讓我來贊助一下這個頭獎。這是我的心意，因為實在不知道什麼是最適合的禮物。或者您要怎麼用都可以，另附上本子一本，可以記每天吃喝作息，便利貼兩本，小毛巾一條可以擦手擦臉。週六會送五十個壽桃過來，來的客人可以有伴手禮帶回。我愛您，媽媽。

最愛您的女兒敬上

馬宏達：好感人。天生作家的文筆，一定要寫從小到大的家庭記事，

（註37）《史記・呂不韋列傳》：「吾聞之，以色事人者，色衰而愛弛。」

（註38）劉雨虹生於一九二一年舊曆五月二十一。

這封信應該納入劉老師正編輯的那本小書中，有關祝壽的。您明天跟劉老師通話時，講一下我這個提議。您寫家庭記事的過程，就是一個更深層內觀過程，可以解開很多心結，於健康有百利而無一害，劉老師看了也有助於她的康復。

袁保雲：我小時候父母都是大學畢業受過高等教育的人，也都在洋機關工作，拿的是美金，比起他們的同學們收入大概十倍有吧！而且我許多親戚在美國，知道他們老來得女了，總是會寄很多衣服、吃喝用品給他們也給我。媽媽說有幾個人像你過的這樣的生活，妳去問問妳同學有幾個人有自己的房間？說實在的，小時候我對金錢物質這些並沒什麼概念，也許這就是造成不知感恩的第一階段。

馬宏達：從小時候的回憶開始，一段段，一篇篇，記錄下來，繼續……

袁保雲：其實我到現在也還是一樣的，並沒有那麼在意。我並沒有因為從小「錦衣玉食」，穿美國第五街的時裝，就非要比照辦理。我的能力到哪，我就做什麼消費或享受，從來沒什麼非分之想。倒是因為有從小的訓練，不可否認對品味有訓練，看到吃到用到好的還有分辨的能力。

馬宏達：比照辦理的，多是小時候因各種原因造成的自卑者。您的自信樂觀，家庭影響功不可沒。

袁保雲：是的，其實這才是我最大的福報，我不自信但因為糊塗而樂觀。

2020年劉雨虹與女兒袁保雲在淨名蘭若。

馬宏達：鄭板橋晚年的理想，您小時候就實現了吧。
袁保雲：他是難得，我很容易。
馬宏達：他是一年級，你是三年級了。
袁保雲：以前上過一個訓練課程，老師說如果明天死了，你希望別人記住你什麼？我希望別人記住我是一個幽默可以給人帶來溫暖的人。
馬宏達：你已經成功了。
袁保雲：要不然也沒啥別的。
馬宏達：這已經很難做到了。

第八章　袁家那河水

岱峻：袁家的故事很多，您女兒保雲姐他們袁家……

劉雨虹：對，袁家的故事那太多了，瓊瑤他媽姓袁，袁行恕。瓊瑤寫的《六個夢》，都是袁家的故事。瓊瑤父親陳致平文才很高的。可是我跟你講，這個袁家人啊，因為老輩子都做官，又有文才，有時候說話也狠。怎麼說呢，看陳致平是酸秀才，布衣嘛，對不對？他太太袁行恕，瓊瑤的媽，有一次他們袁家的一個堂姊，夫妻兩個吵架還是幹嘛，瓊瑤的媽就講，我們袁家人，一個人吐一口口水就能把他淹死。後來陳致平就講，你們袁家的口水好厲害。

瓊瑤在《剪不斷的鄉愁》裡寫：在我小的時候，因為母系的親戚人數眾多，我總是鬧不清楚，這是那位姨媽，那又是那個舅舅。據說，我兩三歲時，只要看到女士，一律喊「阿姨」，看到男士，一律喊「舅舅」。可見，我的阿姨和舅舅，實在不少。

先從瓊瑤的母親袁行恕，雨虹師的先生袁行知那一輩說起（註39）：

袁行潔（曉園）（一九〇一～二〇〇三）女外交家、詩人、書畫家、文字學家；

袁行規（靜）（一九一四～一九九九）作家，著有《劉巧兒》《新兒女英雄傳》等；

袁行雲（一九二八～一九八八）學者，著有《許慎年譜》《許瀚年譜》《清人詩集敘錄》等；

袁行遠（一九三二～）國軍空軍軍官學校第二十八期畢業，曾任臺灣空軍軍官學校校長、空軍副總司令，軍階中將，轉業後任臺灣民用航空局局長；

（註39）據互聯網，掛一漏萬，或有乖謬，僅供參考。

袁行霈（一九三六～），北大中文系古典文學教授，人文學部主任，國學研究院院長，美國人文與科學院院士，中央文史館館長。

袁行勳（袁彬），中共地下黨，曾任成都中醫藥大學黨委書記。

袁行健（一九一一～）一九三六年畢業於北平大學工學院電信系，一九三九年獲德國德累斯頓高等工業大學特許工程師學位。曾任電子工業部第十設計研究院總設計師等職。

這些「行」字輩英才，有一個共同的老祖母華陽曾氏。《清史稿》〈列女傳〉載：「績懋子學昌妻曾，名懿，字伯淵，華陽人。通書史、善課子，著有《古歡室詩詞集》《醫學篇》《女學篇》《中饋錄》。」一九三三年，蘇州國醫書社將曾懿所著，分為《診病要訣》《雜病祕笈》《幼科指迷》《寒溫指迷》《婦科良方》《外科纂要》六類，以《曾女士醫學全書》名，鉛印發行，使該書之流傳更廣，影響更大。曾懿自光緒元年（一八七五年）適袁學昌，先後誕下長子袁勵禎、次子袁勵準、三子袁勵傑、四子袁勵衡、六子袁勵賢。其中：袁勵楨，號植丞，黑龍江政務廳長；袁勵準，光緒二十四年（一八九八年）進士，授翰林院編修，南書房行走，京師大學堂和實業學堂（北大工學院前身）監督，民國清史館編纂，民國初年手書「新華門」至今猶存；袁勵賢，號壽君；袁勵衡，銀行家，中國銀行業之父。難怪，這些分散各地的袁氏後代，都流行「四川話」。

「行」字輩的祖父袁學昌（號幼安），光緒五年舉人，曾歷任安徽省滁州府全椒縣知縣、湖南提法使。

曾祖輩袁績懋（一八二〇～一八五八年），字厚安。清道光二十七年一甲第二名進士（榜眼），曾歷任翰林院編修、刑部主事、福建省候補道臺署理延建紹道，後因太平天國之亂，死守順昌縣城，於咸豐八年（一八五八年）死於軍陣，被清廷追贈福建按察使銜，世襲騎都尉，入祀京師及陣亡地方昭忠祠，常州府、順昌縣兩城奉特旨建專祠祭祀，謚號文節。曾祖母左錫璿，字芙江。才女，有《碧梧紅蕉吟館詩草偶存》《碧梧紅蕉吟館詩餘偶存》多卷傳世。

所以，山高水遠，袁門絕非虛譽。

一　袁曉園的故事

劉雨虹：當代袁家，最有故

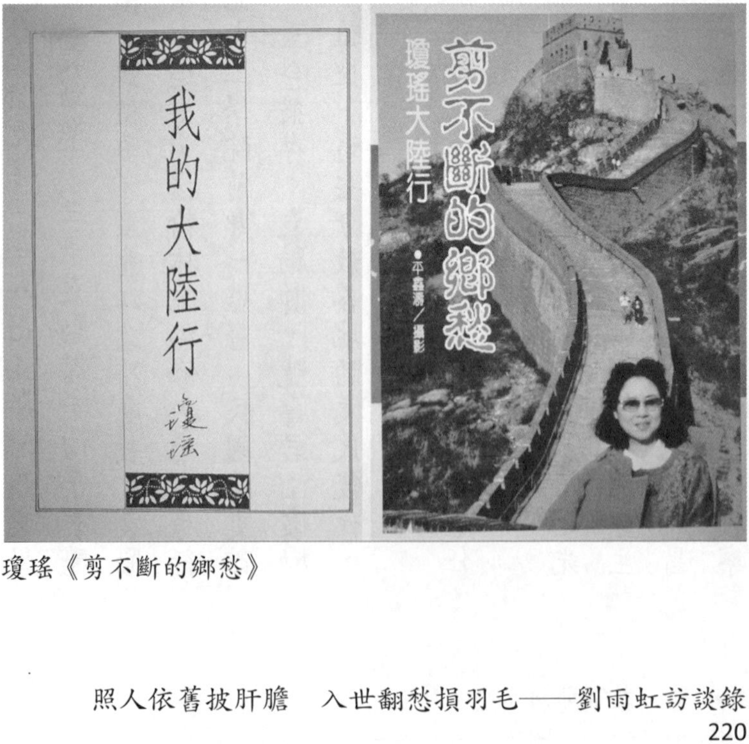

瓊瑤《剪不斷的鄉愁》

事的莫過於曉園大姊。我寫過一本書《舊時代新女性——袁曉園的故事》。

袁曉園女士，生於二十世紀之初，八國聯軍侵華之後。因其祖上及外祖，皆為有科舉功名之文士，曉園隨之亦自幼喜愛詩文，並在學塾受業，接受傳統文化之薰陶，詩書畫均造詣不凡。婚後曾經夫婿多年病纏而逝之痛苦，終能力爭上游，發奮圖強，而能在法國巴黎大學完成學業，並再次完成婚姻。回國後，值抗戰軍興，與夫婿葉南投身抗敵救亡活動，越數年，由外交部指派赴印度任外交官。日本投降後，復員南京，與國民黨元老吳稚暉並列當選為江蘇武進國民大會代表，參加一九四八年國民政府制憲工作。後雖隨夫婿葉南工作旅居英、法、美各國，但開始致力於中國文字之改革研究，廿年如一日，並在紐約聯合國總部任職。七十年代中，落葉歸根，返回北京創辦《漢字文化》雜誌，積極投入文化及文字的研討及推廣，發起海峽兩岸共同努力。在此同時被聘為全國政協委員。

——南懷瑾《袁曉園的故事・序》

岱峻：袁曉園是外交官。

劉雨虹：外交官，那是後來。為什麼家裡會同意袁行知去延安，他這個大姊袁曉園啊很有眼光，她說共產黨將來也是一股勢力，不能光跟著國民黨。她那個弟弟沒有黨派，年紀輕嘛，她是國民黨的，還有袁行知的四姊、四哥，他四哥袁行簡十四歲的時候就是共產黨北京的，那個叫什麼祕書長還是書記什麼，他姊姊叫袁行……名字都忘了。

她以一個從未進過任何現代學校的唸私塾的人，卻能負笈國外，畢業於法國巴黎大學。回國後又擔任過福建省財政廳稅局的副局長，以及外交部派駐印度的副總領事。二次大戰後，曾當選為國民大會代表（江蘇武進）。五十年代末，又任職紐約的聯合國總部，以及商業藝術設計工作等等。她一生中曾寫過最關鍵的三封信，改變了前途和命運。一封是給外交部長張群，一封是給國民政府蔣介石委員長，另一封是給中華人民共和國的總理周恩來。這三封信把不可能的事變成可能了。

曉園一生兩次婚姻，夫妻相處有情又有愛。兩次之間，還穿插了好幾次的戀情，以及與蘇聯愛慕者的奇遇糾葛。在那些年代，實在有些匪夷所思，千奇百怪，所以說她一生多彩多姿，確實不假。（註40）

劉雨虹：一九四八年年底到了臺灣，琳達燒也退了，比較好了。這個時候曉園大姊，他們被派到法國去，她沒有孩子，不會生，就說你們還年輕，將來會有孩子嘛，這個就給我們吧。有正式簽字，過繼給他們。那時候還沒有袁保雲，就只有琳達。我們心裡想帶著她看病也很困難，都是仰仗他們幫忙，他們不在這裡了怎麼辦呢？當時，大姊夫葉南啊，還特別從南京過來，到臺灣，來把琳達抱走。他還講，雨妹你不要難受啊，將來大家還可以見面啊。

馬宏達：從小就過繼給他們了啊？

（註40）〈作者的話〉，劉雨虹《舊時代新女性——袁曉園的故事》，台北：老古文化事業股份有限公司，2006年版。

劉雨虹：對，過繼給他們，他們要到法國去，就把她帶走，所以琳達到現在中文她不願意學啊，會說，不認識字。

馬宏達：她後來在法國待了幾年？

劉雨虹：一直跟著他們，然後十來歲就到美國去了。當年，曉園大姊的公爹是國民黨中宣部長、祕書長葉楚傖啊，位子很高的，葉楚傖的大兒子娶一個大七歲，而且是結過婚的（寡婦），心中很不高興。可兒子非要跟曉園結婚不可。結了婚，曉園大姊在家裡沒事幹，也閒不住啊，然後就跟他公公說想做事。他公公說什麼啊，女人出去工作？在家裡待著，多生幾個孩子吧。知道她不會生，還讓她多生幾個孩子，這不為難她嘛。後來她就寫信給外交部長，說我是金絲籠裡的金絲雀，外頭看起來一切都很好，但我沒有自由，國家培養我，我想做事。當時外交部長是張群，一聽說就立刻派她去印度做副領事。

馬宏達：她是葉家兒媳，葉又是國民黨中央黨部祕書長，張群怎麼敢答應？

1930年在巴黎，（左起）行義、曉園、葉南。

劉雨虹：張群哪會知道葉楚傖願意不願意？

馬宏達：袁曉園她跟張群原來沒有什麼交情吧！

劉雨虹：沒有，想到的事她就敢做。

馬宏達：她年輕時也是很有魅力的人。

劉雨虹：有一次她外國回來，這個廣東省主席請她吃飯，滿桌客人，就聽袁曉園一個人講話，然後有人講，跟她同桌，滿室生春。

馬宏達：有才華，口才好。

劉雨虹：經歷多，見識廣，又會

講。所以袁樹珊就問，這個女士是誰啊？有沒有她的八字？就給他八字算，他說可惜是個女的，要是個男的，至少是個部長。

袁樹珊，生於清光緒七年閏七月十五日（一八八一年八月九日）。世居揚州南鄉袁巷，本是醫卜世家，家學淵源。其父開昌，字昌齡，除深諳經術，更旁通諸子百家，尤精醫術，後寓鎮江城西，以醫為業，著有《醫門集要》《養生三要》等，並輯有《中國歷代卜人傳》一書。其叔父開存，字春芳；堂兄桂生，名焯，皆是民國名醫。袁樹珊幼承庭訓，學究岐黃，尤精命理，是聞名海內的醫學家、星相家。曾就學北大，並赴日本留學，在東京帝大攻讀社會學。學成歸來，返鄉後專心研究星相學，繼續以醫卜行世。他幽默地說：「來向星相家請教的不外三種人：一是受重大刺激；二是迷於名利；三是有的走投無路，所以不得不察顏定色，善為指點。」

馬宏達：葉南比她小七歲，她還結過婚，那麼迷她。

劉雨虹：對啊，硬追，追到俄國去了。

馬宏達：陳誠也追她，還有誰追她？

劉雨虹：不知道。丘譽（一九〇一～一九七〇年，字與言），他是廣東省政府祕書長，最早是他追。到了臺灣，這個丘譽親自跟我講，他說與曉園、陳誠都是同事好友，那個時候陳誠位子還不怎麼高啊，他們都在江蘇省農礦廳工作，常常在一塊談天啊，後來袁曉園大姊就說要出國留學，她為什麼出國留學我忘了。對，她弟弟在法國，就說那邊勤工儉學，很便宜，她就要出國念書，那時候她先生已經病入膏肓了。

馬宏達：她第一個先生是誰啊？

劉雨虹：張鑄，他是安徽人，是北大畢業的。曉園大姊十九歲那一年，她的家庭教師，教英文還是教作文，我忘了，就說給她介紹個朋友張鑄，說這個青年非常好，結果當年兩個人一看啊，很投緣啊，就結婚了。

結婚不久，張鑄沒過多長時間就害病了，為什麼？他學礦業的，因為不會應付人，就老讓他下礦。那個設備又不好，就得了肺結核，曉園大姊為了要買藥給她先生，沒有錢啊，到處去借，她說跑到自己袁家的祖母家裡，想去借錢，一看幾桌麻將，張燈結彩，開不了口，可是他先生要住醫院要錢，結果哭啊，就出來了，到處找，後來大概找到一個親戚同情她，借了錢給她先生送醫院。

曉園大姊的先生在安徽什麼縣，說這個縣啊是後來皇帝特封，那裡從來沒有出過狀元，後來特別封了一個狀元，因為那個地名的關係，我現在忘記了。夫妻感情非常好，結果他在害病的時候，曉園大姊沒有辦法，就出來工作，到農礦廳當祕書這一類的。她先生在家裡請醫治病，她領薪水第一件事就買藥給她先生。就在這個時候認識陳誠。他在追她，心裡想妳這個先生活不了幾天。

後來有個機會，她要出國，她先生沒有死耶，她心裡很矛盾，她先生大概不行了，快死了。她就去問上海市不知什麼人，她說我心裡很矛盾。後來那個人就給曉園講，妳靠不了妳先生了，他的病沒有希望了；妳也救不了先生，要為妳自己的前途著想。他說妳現在有這個機會，還是去吧。這樣，曉園就出國到法國念大學。

1921年袁曉園與張鑄訂婚。

據維基百科綜合整理：

一九一九年，辛亥革命、第一次世界大戰、五四運動接踵而至。袁曉園亦因父親在外面交際的親朋好友處感知大時代訊息。對於滿18歲的袁曉園來說，除了新奇、熱血沸騰、壯志報國之外，也感覺到家國與個人的前途渺茫。曉園父親在感受到時代巨輪的劇烈轉動之時，覺得曉園去偷聽鄰家小孩上英文課，總是會有一知半解的壞效果存在。於是他答應曉園，找一位接受過新知識的家庭教師來教授英文。而這位家庭教師對袁曉園最大的人生影響，就是為她介紹一位男友張鑄。

張鑄，字鼎九，安徽省鳳陽府天長縣人。曾經因為他在天長縣出生，且家中總排行第九，清帝認為有「天長地久」的吉祥含義，所以特別欽點他為舉人。他乃是北京大學畢業，為礦冶專業人士，當時他正在河南焦作煤礦工作。袁曉園認識張鑄後，大為動心。曉園的父母對張鑄亦很滿意，於是他們倆在一九二一年時正式結婚。

不久之後，就隨其丈夫返回焦作煤礦，展開了兩人的新生活。沒過多久，張鑄被發現罹患了肺結核症狀，必須長期休養。於是，在曉園夫婦兩人思慮再三之後，決定辭去工作，到北京進行休養。並在丈夫於北京休養期間，進入國立北京藝術專門學校研習；在張鑄病情略為好轉後，回到丈夫老家繼續休養，而曉園自己亦由國立北京藝術專門學校轉學至上海美術專科學校，並拜在劉海粟老師門下繼續深造。

曉園這時極為苦悶：其一，張鑄所罹患的肺結核乃是慢性重症，要想痊癒非得長期療養，如此一來，就需要龐大的醫療費用；其二，家庭的一切生活開銷亦因為丈夫的重病無法上班，沒有收入而陷入困境；其三，曉園本身上學所需的學費，也是一筆費用。就在如此困難的時刻，終於有了三件好消息：其一是她報名參加在南京的江蘇省農礦廳祕書招考已經錄取，並且正式上班；其二是在經過一陣子的長期療養之後，張鑄的身體也逐步好轉（雖然只是暫時的），爾後在曉園於農礦廳認識的朋友，丘譽的介紹之下擔任農礦廳礦業科長一職。但可惜只做了半年，又因為肺結核發作，開始吐血而不得不辭職，再次回家鄉療養。；其三是在民國十七年（西元一九二八年）時，曉園於北京進修時的恩師林風眠到上海開畫展，她也隨展幾幅畫作，結果她的作品受到好評，亦賣出了幾幅畫作。此事不僅對曉園當時的生活困境有一定的緩解，更為她往後的創作生涯更多地添加了幾份自信心。

好景不長，曉園卻又接到醫師告知張鑄的肺結核病症已經是末期症狀，無法復原的噩耗。此時的曉園悲從中來、心力交瘁，朋友們也無法勸慰她。剛好當時曉園的三弟袁行義於中法大學附屬高級中學畢業，正要前往法國里昂分部留學，於是在她的朋友丘譽、陳誠、以及她的直屬長官農礦廳長何玉書的勸說之下，決定到法國留學。

要進出國外一定得靠輪船。可是曉園她在農礦廳任職的薪資除了家中生活費用、以及丈夫張鑄的醫療費用外，已無其他餘額去購買船票。另外，國外留學的學費、宿舍租金、吃穿用度等問題，也是曉園所要煩惱的問題。一九二九年，時任中央研究院天文研究所祕書代所長的高魯奉令改任為中華民國駐法國公使，正要從上海登船赴任。於是曉園立即趕去求見高魯，自薦擔任他的機要祕書。一開始高魯不肯答應，在曉園再三請求下，高魯才答應曉園一試，且「赴法費用，一切自理」。於是曉園除了開始向她的親朋好友籌措盤纏之外，亦全數變賣了她之前為了張鑄的醫療費用而早已變賣得剩下為數不多的金銀首飾。考慮到赴法國之後尚需省吃儉用才能在留學時不虞吃穿，她只買下四等艙的船票；一切都處理完畢後，才在父親與好友的送行下，依依不捨地搭船離開上海，前往法國馬賽港。（註41）

（註41）材料取自中文維基百科，「袁曉園」詞條，https://bk.tw.lvfukeji.com/wiki

1933年4月5日在赴法國的義大利郵船上。中間站立戴草帽者為袁曉園。

岱峻：當年曉園大姊留法，還是欠了很多感情債。

劉雨虹：她到法國留學誰出的錢啊，我不是有寫嗎，陳誠也出了錢。當時陳誠在追，這個不好講，陳誠在追袁曉園，他還沒有結婚啊，陳誠就打電話給丘與言，這個丘譽是後來廣東省的祕書長，他們三個都認識的，那兩個人都在追曉園大姊。看她先生不久人世了，他們都動腦筋。陳誠一聽曉園原來到了法國去了，已經走了，他說那我也要搭這個船走。後來這個丘礜就整他一下，說這個船沒有票了，不過你放心，從南部，廣東什麼地方，這個船要經過那裡，那裡還有票，我給你買一張，你從那裡上吧。事情變化多啊，他買了船票，立刻蔣介石有任務交給陳誠去辦，他也走不了了。結果啊，他就讓他弟弟陳正修，說我去不了了，你去，你到法國給我看著袁曉園。結果袁曉園到了法國以後不是碰到葉南追她嗎，陳正修給他哥哥陳誠寫封信，袁曉園原名叫袁行潔，說「行潔不潔矣」。

岱峻：劉老師您講到曉園大姊，當年是周恩來批准回大陸定居，當時他們在法國勤工儉學，那時候認不認識啊？

劉雨虹：好像認識，我記得她說過。周恩來是勤工儉學的。但曉園大姊不是勤工儉學。她在法國念大學。那個鄧小平啊，不是說留法的嗎，結果美國人就去法國查，查了半天，根本沒有任何學校，反而查出了袁曉園是大學畢業的。很奇怪。鄧小平在法國幹什麼呢？法國不是一個自由社會嗎，在那裡宣傳共產主義。他們說得很可笑，我聽美國一個親戚講的。鄧小平根本沒有入過學校，不是照樣當領導人，對不對啊？

馬宏達：很快就是一九四九年了。

劉雨虹：還應該是一九四八年。侯騰，是明星將軍，長得像明星。我們在南京的時候啊，葉南跟他們的關係特別好，常常一到週末，約了一塊兒吃早點，去夫子廟吃灌湯包，我們也常常跟他們一塊兒去吃灌湯包。

1946年葉南、袁曉園在瑞士。

馬宏逵：後來葉南是駐英國武官是吧，那當時曉園大姊是做什麼？

劉雨虹：她是外交部的一個駐外的一個什麼職務，我忘了。他們也是隨時變動的，你懂吧。這個曉園大姊很有頭腦，後來就說，現在他們已經到了廣東，局勢已經不好了，後來她就給葉南講，現在駐英國的武官有缺，頂好你趕緊去搞到手。葉南笨呢，還說，這樣吧，我先到臺灣去抱了玲玲。她說不行，你這樣就晚一步，她說你先去南京。果然他去南京，前腳走，後腳跟著來也是去爭取這個位子的，就差一步。那個時候國防部長侯騰，號飛霞，長得很漂亮。結果葉南一去，得到這個位子了，出來以後另外有人進去，也要這個位子，侯飛霞就跟他講，對不起，剛剛給了葉南。就差一步。

岱峻：她後來為什麼選擇回到大陸？

劉雨虹：後來共產黨勝利了，曉園是國民黨派出去的官員，她應該回臺灣，他們一看將來是共產黨的世界了，她還回臺灣幹什麼，就不回來，在法國南部過了好幾年。多年後他們到香港，要來中國，有一次，好像一九五四年，臺灣開國大代表會，曉園大姊是國大代表，結果她在法國，她就說開會我不知道要不要去，心中很矛盾。後來我就說這事很簡單，如果你可能去共產黨大陸，你就不要來。後來她說不可能，那個時候還說不可能，結果就回到臺灣開會。多年後他們要到共產黨那裡，共產黨始終不給入境，後來她才寫信給周恩來。

馬宏達：周恩來做統戰工作做得好。

劉雨虹：對啊，所以袁曉園就是三封信，寫一封信給周恩來。人可以不相信命理，像曉園大姊就不理，她不是也活到一百零二歲？她那個八字有二十年壞運啊，她走壞運時努力進取，那個時候那麼有身分的人，給設計公司畫衣服的花樣，中國的工筆她會，又在學校裡教中文，你看幹這個事都是最起碼的，但是也是有建設性的，她沒有在那裡怨天尤人，完全沒有。二十年過了以後，咚咚咚馬上跑回大陸，周恩來接見，說運氣嘛也不是，她判斷正確。要走時把五棟房子賣掉跑來香港，五棟房子的錢，已經住旅館錢都快花光了，得不到大陸的批准。結果沒有辦法，寫封信給周恩來，說我怎麼樣怎麼樣，如何如何，我是怎麼深切愛國。周恩來特准她進來了，不但她進來，把袁家的兄弟姊妹都找來一塊，我不是還有一張照片嗎，因為到這個階層的人，她的看法很不一樣，對吧？

馬宏達：周恩來很了不起。

劉雨虹：對，也看曉園是個人才，也是好事嘛，後來她在北京飯店住了五年，花多少錢啊。

馬宏達：花國家的錢嗎？

劉雨虹：沒有，她自己花錢在北京飯店住了五年。

宏忍師：她怎麼沒有買房子？

劉雨虹：她哪裡是搞這種事的人？眼光遠大，不計小利。她先也不知道要住五年，開始也許以為住幾個月，哪曉得拖著拖著住了五年。這個時候，她積極給海外寫信，號召這些僑胞回來。她對共產黨來講也是建設性的，也就是我都回來了，那些在美國流浪的人，祖國現在不一樣了，我們應該共同努力啊，說得又很漂亮，我還有這個資料，她做事是完全正面的。她願意來，就是看準了共產黨的前途，救國救民啊，對不對？原來以為住幾天，後來住了五年，因為你剛來，人家也在觀察你嘛。後來看她這樣，就勸她放棄美國公民，然後聘請她做政協委員，她就跑到美國大使館把護照一丟，我不當美國公民了。美國人講，沒有關係啦，護照你拿著吧。她說不要啦，不要啦。這時候才給她做政協委員。她就像悟道的人，看準了這個，其他的花花草草根本不在意。

1982年，袁曉園與女兒玲玲在北京飯店。

據維基百科介紹：袁曉園因主張國共合作而與國民黨決裂，並前往美國發展，後進入聯合國祕書處工作。一九七二年成為第一批從美國進入大陸的華僑訪問團成員之一，並在一九八五年放棄美國國籍，返回中國。

袁曉園先生百歲時，寫過這樣一首詩〈百歲感懷〉：「不拜耶穌不參禪，不信氣功不練拳。人間哪有不老藥，順其自然過百年。」

二　袁行恕、陳致平與瓊瑤

岱峻：袁家人還有瓊瑤的母親袁行恕，還有她的父親陳致平。想聽你說說他們的故事。

劉雨虹：記得是二〇〇二年，陳致平教授去世了，舉行祭奠紀念活動。我們當然要參加。陳夫人袁行恕是我先生的堂姐，這種親戚關係，輓聯非一般情況可撰寫，先託林曦代擬，是佳作，但不適用。我又自己寫，苦思夜想，折騰了幾天。那一天，我到了半夜睡醒，忽然文思泉湧，擬了副輓聯。現在要找瓊瑤要，我也沒有留底子，那個輓聯很長啊。

馬宏達：那趕快跟她要，讓保雲姊在那邊跟她要。

劉雨虹：是啊，那不是寫很長掛在那裡嗎，所以他們應該有記錄啊。後來我寫好了，我心裡想對不對呢？老師在香港，我打個電話給老師。我先說林曦這個，然後說我認為不太合適，自己又亂七八糟作了一個。我說老師你給我改一下吧！老師一聽，不要改，非常好。老師說非常好，我就送去了。後來老師就講另外那一副，我不敢說是林曦作的，我說有人替我作的，老師說替妳作的那一副，算我送的可以。他說誰幫妳作的，妳替我送一千塊臺幣。我跟林曦說，老師說你作得好，代表他送，他要送你一千塊。他說我作詩是跟老師學的，我怎麼可以收他的錢，不收。那就算了。後來我就跟老師說人家不收，說是跟你學的，我也沒有說是林曦。老師為什麼與林曦緣份平平，因為師母跟老師吵架，他老站在師母那一邊。

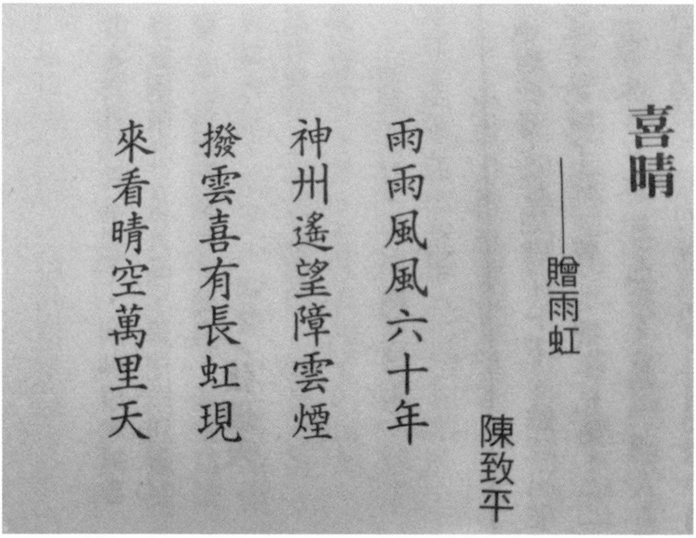

喜晴

——贈雨虹

陳致平

雨雨風風六十年
神州遙望障雲煙
撥雲喜有長虹現
來看晴空萬里天

1996年8月號《人文世界》雜誌發表陳致平〈喜晴〉詩。

林曦，是南懷瑾的學生，南一鵬的表哥，學理工科出身，但很喜歡文學。南懷瑾曾讓他來跟著自己學三年，但他高興之餘內心矛盾，割捨不下自己的前途。在林曦畢業那年，南懷瑾在他的畢業紀念冊上寫下一句話：「油油不能去，碌碌無所成。」林曦最終沒有讓南師失望，他跟著南師學孔學、也學詩詞，後來整理注釋了南懷瑾的《金粟軒紀年詩》。

岱峻：瓊瑤的父親陳致平先生給您寫過一首〈喜晴——贈雨虹〉，「雨雨風風六十年，神州遙望障雲煙。撥雲喜有長虹現，來看晴空萬里天」。刊登在一九九六年八月號《人文世界》上。我想聽聽您談與他六十年的交情。

劉雨虹：我已忘了他給我寫的這首詩，真寫得好。

陳致平（一九〇八～二〇〇二），湖南省衡陽市人，著名歷史學家。與太太袁行恕育有二子二女：長女陳喆（即女作家瓊瑤）、長子陳玨、次子陳兆勝、次女陳錦春。畢業於輔仁大學一九二九級史學系。曾執教於北京兩吉女中、輔仁、匯文、崇德各中學，後任教於成都光華大學、國立廣西大學、同濟大學。一九四九年赴臺，先後任教於臺灣師範大學、輔仁大學、文化大學，一度赴新加坡，任教於南洋大學。著有《秦漢史話》《三國史話》《中華通史》等約六百萬字。《中華通史》一書，曾榮獲一九八一年圖書著作金鼎獎。

劉雨虹：開始抗戰了，然後親戚結夥一塊兒到四川去，那個時候陳致平在光華中學教書，就在成都西邊。一九四〇年，我一去四川袁行知就講，你暫時就住我們堂姐家吧，我們兩個就住袁行恕和陳致平家，在成都郊外，那個叫什麼地方……

岱峻：鐵門坎，光華村。周圍全是農田。

瓊瑤寫道：

我出生在成都，四歲時離開成都，隨父母返回老家湖南，從此，就沒有再回到成都。按理說，一個四歲的孩子，應該沒有什麼記憶，我對成都的一切，都早已淡忘。唯獨記得在我居住的地方，門前有一大片的油菜田，每當油菜花開的季節，那金黃色的油菜花，似乎漫無止境地由地的這一邊，一直開到天的那一頭。油菜花。這麼多年以來，我記憶的底層，一直有一片盛開的油菜花。（註42）

（註42）瓊瑤《剪不斷的鄉愁》，《瓊瑤全集》，皇冠出版社，1989版。

劉雨虹：結果就把我們搞到那個地方去住了。我還記得。那時候光華大學是從上海遷到四川的，也在那個附近。

岱峻：光華中學就是光華大學的附中，張壽庸校長的學校。

劉雨虹：光華大學在上海算不算野雞大學啊？

岱峻：應該不算吧？當時是因為升旗的原因，從復旦大學裡頭分出來，它也有特點，它是偏重於財經方面的，現在就是西南財經大學。抗戰勝利，光華大學遷走以後，就留了一個叫成華大學，就是成都光華大學的意思，成華大學一九四九以後就叫成都大學，後來叫四川財經學院，現在叫西南財經大學，是這麼一個背景。還有您當年服務過的那個中央大學醫學院的附屬醫院，現在是四川省省立醫院，就是成都有兩所好醫院，一個是華西協合大學的醫院，那個是中國綜合排名排第二的，僅次於北京的協和。那我看您和陳致平先生的交流交往，包括他的《中華通史》出版，您給他寫書評。

劉雨虹：一晃幾十年了。那個時候他的女兒瓊瑤兩歲，兩歲就會買東西吃，也不會講話，就站在門口看那個賣蒸糕的來，站在門口就招手，人家就來了，反正給你吃了，總有人給錢嘛。瓊瑤現在八十二了。

馮志：瓊瑤是在成都出生的嗎？

劉雨虹：好像是，我想想，反正我認識她的時候她已經兩歲了。瓊瑤不是雙胞胎嗎，她叫鳳凰，她弟弟叫麒麟。因為抗戰的時候大家都很窮，很苦，收入也很不夠，結果後來她的爺爺，湖南人嘛，陳致平湖南人，就說他們回湖南吧，她爺爺說沒有見過這個孩子啊，他們就回去了。後來不是日本人快打到湖南了，他們又逃難逃出來，是這樣的。

瓊瑤小時候就跟我親。我剛到臺灣，有個當空軍的劉俊是袁家的親戚，就帶著她跟她弟弟兩個人，有一天來我家敲門，我一開門就是那個劉俊，空軍的飛行員，他就把瓊瑤跟她弟弟帶到我那裡，好，給你們帶來了，我走了。他就走了，把那兩個孩子丟給我。她父母還在大陸，大概拜託這個親戚把他們先帶出來交給我。那時瓊瑤還很小啊，上五年級還是六年級的時候。你看我不知死活，我住在那個河邊，每天跑到河裡游泳。我一看他們兩個來，我說你們兩個會游泳嗎？不會，我教你們吧，男生穿個短褲，瓊瑤我做一件游泳衣，下午帶他們到河裡游泳，後來我就害怕了，萬一淹死一個怎麼辦，就年輕不懂嘛。

馮志：她叫劉老師舅媽。

劉雨虹：叫舅媽。瓊瑤的外婆跟我婆婆是妯娌，也是有緣份嘛，才能在一起。所以瓊瑤二十五歲以前運氣可壞了，什麼都不成功，一過了這個，好運來了，出了一本《窗外》，馬上紅起來了。瓊瑤《窗外》那個小說，她愛上老師，那個老師抽煙，手都是黃的，就是文章好，結果她就愛他。她媽嚇死了，這怎麼辦呢，她就跟我說，麻煩你去看這個老師，勸他不要勾引我女兒。結果我就背了這個任務去看他。他是湖南人，很有文才，不過那個時候已經四十歲了，沒有結婚。他就說，瓊瑤嘛，那時瓊瑤叫陳喆，她寫作文就說她父母不愛她，小時候對她很不好，都想自殺。結果這個老師就跟她說，孩子，你不要難受，你沒有的愛老師都可以給你。她就這樣愛上老師了，對不對，真奇怪。

馬宏達：《窗外》裡面那個舅媽的原形……

劉雨虹：就是我。

一九六三年，瓊瑤寫出第一部長篇言情小說《窗外》，在臺灣一夜成名，順帶救活了一份不見起色的雜誌《皇冠》。也在那一年，她第一次見到平鑫濤。「後來他告訴我，他一生貧苦，勵志要成功，所以工作就像一頭牛。」瓊瑤浪漫的用牛和織女來形容她和丈夫的愛情，「牛不知道什麼詩情畫意，更不知道人生裡有轟轟烈烈的愛情，直到他見到我。這頭牛突然發現了他的織女，顛覆了他的生命，至於我這織女從此也在他的安排下，用文字紡織出一部一部的小說。」（註43）他們是除了婚姻的制度外，無論生活、事業、夢想與成就都是緊緊相依相存。幾年裡，平先生創辦的《皇冠》雜誌，暢銷世界各處的華人，幾乎每一期都有瓊瑤在上面發表的長篇

（註43）張玫：〈80歲瓊瑤浴火重生，重新出版著作全集〉，《文化交流》2018年05期27頁。

小說。瓊瑤是《皇冠》的靈魂和心跳，有了她的小說，《皇冠》收到全臺灣讀者的追捧，自然，瓊瑤沒有《皇冠》的大力渲染和支持，也是難以取得那麼迅速和順利的成功。

岱峻：前不久，不是平鑫濤的兒女跟瓊瑤鬧事嗎，我記得您說一句話，您說您本來想出來打抱不平，但是您再出去的話，那不是更添亂了嗎？

劉雨虹：我告訴你，他鬧事的時候，我很想跳出來主持正義，完全不是平鑫濤兒女說的那樣。那時候我們都在臺灣，瓊瑤寫了《窗外》以後，寄了兩家出版社。皇冠出版社的平鑫濤有腦筋，看到了以後立刻從臺北跑到高雄找瓊瑤。瓊瑤要百分之十的版稅。他說我給你百分之二十五，但是你不許給別的雜誌寫文章，以後你的文章就在我皇冠了。一舉兩得，聰明不聰明啊？結果後來出版搞成了。

有一次我還給瓊瑤介紹男朋友，因為她離婚了，沒有對象。我給她介紹誰啊，有一個很有名的律師叫端木愷，端木愷的兒子，結果平鑫濤一看我給她介紹端木愷的兒子，怕以後管不住瓊瑤了，他就拚命的追瓊瑤。但是他自己有老婆啊，可是他又不能把這個作家丟掉啊，想盡了辦法，天天送花啊，搞這個搞那個。他們後來曾經跟我講，端木愷的兒子叫端木俊民，比我小四歲，前幾年楊麟說他在上海，我說你快點把他找來見面吧，後來沒找到。你看曲折吧。

摘自維基百科：

端木愷（一九〇三年五月十四日～一九八七年五月三十日），一名鐵愷，字鑄秋，安徽省當塗縣城關人。上海復旦大學政治系獲文學士，東吳大學法科獲法學士，美國密西根大學法學博士（一說紐約大學獲法學博士），從事執業律師多年，曾任省立安徽大學法學院院長，復旦大學法學院院長，國立中央大學行政法教授，國民政府行政院政務處參事、安徽省政府民政廳廳長、行政院糧食部政務次長等職。一九四六年後，因派系鬥爭以及政見不同，辭職遷居上海，開辦「端木愷律師事務所」。一九四九年四月，端木愷攜全家遷居臺灣。曾任行政院祕書長、行政法院院長、財政部政務次長、總統府國策顧問、臺灣東吳大學校長等職。著有《社會科學入門》《社會科學大綱》《中國新分析法學簡述》等專著。端木俊民為其長子。（註44）

好了，你想平鑫濤的太太氣不氣啊，平鑫濤的兒女氣不氣啊。結果，分明是他追求瓊瑤，而平家的兒女現在拚命說瓊瑤是小三，追他爸爸。所以那一陣子他們鬧事我覺得很不平啊，這個事我清楚啊，我要站出來給瓊瑤說幾句公平話。後來我一想，我一摻和不是更複雜了嗎？我也懶得費事。

所以你看瓊瑤的書現在在別處出版，你皇冠有什麼好處，你把瓊瑤得罪了，沒有意思。這一些兒女心裡就是恨，心裡想我爸為了你跟我媽離婚，就恨這個事情。

二〇一九年六月四日，瓊瑤在〈悼鑫濤〉的祭文中寫道：

……你我都是二度婚姻。當初明明是你拚命追求我，長達十六

（註44）http://www.wanweibaike.com/wiki-%E7%AB%AF%E6%9C%A8%E6%84%B7

2007年前後，前排左起陳玨、劉雨虹、陳喆（瓊瑤）、平鑫濤。

年，讓我受了多少委屈！這個社會對婚姻的兩方，看法是不公平的。我一直對於詆毀我的言論，保持沉默，沉默。鑫濤，最近我才領悟出許多的道理，沉默是金，沉默是禪，沉默是淚，沉默是愛，沉默更是忍！我忍了多少？天知地知你知我知。尤其因為我寫的書《雪花飄落之前》，主題就是用你我的故事討論病人是否有自主權，善終權。這本書引起的軒然大波，你的兒女因兩種不同認知的愛，跟我決裂了。

我能做的依然是忍。忍是淚，忍是愛，忍是痛，忍是悲。到了你最後咽氣的這一刻，我還在想，我們的相遇是我的命，還是我的緣，是我的劫？人生不就是這三樣東西組成的嗎？……（註45）

（註45）〈81歲瓊瑤近況曝光，家人合影孫女顏值高，似走出喪夫之痛〉，轉引自https://dy.163.com/article/EJKMFGKU05372TX9.html

第九章　沒有文人　世上會多無聊

一　大姊雪琴　姊夫春翔

馬宏達：您哥哥早夭，弟弟空難，還有一個姊姊吧，她後來在哪兒？

劉雨虹：臺灣啊。我的姊姊叫劉雪琴，比我長兩歲，一九一九年生人。她是國立河南大學醫學院畢業，當初也是中國重點大學的醫學院，因為不能都在北京嘛，中原就挑個河南大學，這些學校是當初政府，德先生賽先生時代開始積極培養。那個河南大學的教授都很了不起。

自一九一二開始，河南留學歐美預備學校改制為中州大學。十年間，畢業赴歐美留學有成者逾二百人；當時與清華學堂、南洋公學（上海交大前身），並稱教育開放源頭的三掛馬車。一九二二年後，省立河南大學成立，培養了一批英才，如建築師楊廷寶，氣象學家趙九章，哲學家馮友蘭，水利工程專家閻振興，地質學家馮景蘭、張伯聲，生物學家武兆發，基因學先驅郝象吾，神經內科專家張靜吾，眼科專家孫祥，醫學專家閻仲彝、魯章甫、郭鑫齋、李瑜如，歷史學家蕭一山、楊亮功、韓儒林等。一九四二年三月，國民政府行政院通過將省立河南大學改為國立河南大學決定。

趙春翔與妻子劉雪琴青年時的照片。袁保雲提供

馬宏達：您姊姊和姊夫在臺灣認識的？

劉雨虹：不是，他們抗戰的時候就結婚了。姊夫趙春翔是藝術家，脾氣有點古怪。結婚不久，有一次我姊還跟我媽講，他這個人很討厭，還不如離婚算了。那時候已經生有孩子了，我母親說哪能這樣啊。

趙春翔贈劉雨虹的畫。上方文字為媽咪…愛…生命快樂的行旅，遙贈雨虹，春翔Chao，75，N.Y.，U.S.A。下方三隻幼鳥身上的名字，自左至右為玲玲、萱萱、宝云。

春翔是在偶然的機會下遇見雪琴姊的，那時他到河南大學去訪友，而雪琴姊還是醫學院六年級的學生。春翔曾親口告訴我，他是過五關斬六將才追到雪琴姊的。但先父對這樁婚姻始終並不贊成。可能是怕科學與藝術的結合不太容易協調之故，不願自己的女兒受苦！

一九四六年初夏，抗戰勝利後我從四川回到開封。雪琴姊也從西安回來了。原以為可以見到春翔，但他卻西出玉門，到西北草原上畫馬去了，直到三年後，我們才在臺北首次見面。（註46）

岱峻：他也是河南人，是畫家？

劉雨虹：是啊，他從小畫畫。他的父親叫趙夢梅，是馮玉祥的祕書。趙夢梅有文才，又會畫，又會文，很有名。馮玉祥聽說了，就讓他來當祕書，他不肯，就硬把他抓來。他有四個兒子，趙春翔是老二，從小他們兄弟幾個

（註46）劉雨虹：〈我所知道的趙春翔〉。

人都會寫會畫，跟著他爸爸。後來畢業於杭州藝專。

當年杭州藝專繪畫系，有朱德群、趙無極、趙春翔諸生。在林風眠、潘天壽等名師「調和中西藝術」的教育理念下，他們一步步邁向「創造時代藝術」，後來各自修行，形成了獨特的藝術風格。趙春翔摒棄「意在筆先」的意識判斷，放棄任像為象，任形為型，故不論是水墨或是油畫，時得天機意趣。一九三九年趙春翔畢業時，就頗得林風眠好評。

岱峻：一九四九年前後，他們一家都到了臺灣嗎？

劉雨虹：沒有，兒子留在河南老家，跟著爺爺奶奶。趙春翔當時是政工隊的，他先到臺灣。什麼叫政工隊，像國民黨這個軍隊，每個部隊都有政工隊，為什麼呢？軍隊裡是軍人，但是文化方面也有很多要對內鼓勁、對外宣傳的政治工作，需要會唱歌跳舞的，寫字畫畫的，會寫文章的，會打籃球的都有，對不對。

馬宏達：當初，您母親是跟您一塊到臺灣，還是跟您姊姊？

劉雨虹：跟我姊姊。她醫學院畢業，當時政府規定，醫學生畢業一定要在軍中服役兩年。她沒有去，就在西安一家懷仁醫院當醫生。結果不行啊，證書不發，她就到軍隊裡當醫生，跟著軍隊搬到杭州，到杭州兩年才拿到醫師執照，也是四九年到臺灣的。我姊姊帶著母親到臺灣，還帶著女兒趙萱萱。

馬宏達：是跟著民間坐船過去的？

岱峻：應該是軍隊的船嘛，她不是在軍隊的醫院嘛，民間可能走不了，上不了船了。

劉雨虹：對，大概是。那個時候都是官方的，沒有私人的。那時候我弟弟也是空軍，抗戰的時候被派到美國受訓，到了美國受訓以後，大概覺得他還不錯，留他下來當教官，所以抗戰勝利以後才回來，也住在杭州。那個時候飛機自己隨便開啊，他開了還到那裡接我母親，結果他們已經走了。

岱峻：那是從舟山群島走的？

劉雨虹：從哪裡走不知道，反正是坐船。最可笑的，我姊姊這個人很糊塗啊，她船已經到了基隆了，事先也給我信，說他們會坐什麼船，然後到基隆，哪一天到。我心裡想都到了怎麼不見人影啊，我說我去火車站看一看吧，我在站臺附近就看到我姊姊，她把我的地址丟了，就在那裡待著等，剛好我去了。

一九四九年春天，雪琴姊帶著女兒萱萱和先母，同由上海來臺。春翔與我不約而同到了臺北火車站去接他們。他們的兒子趙紅，因與祖父母住在河南，未能一起來臺，此後就滯留大陸了。

當時春翔是在屏東空軍政戰單位服務，他們一家三口就到屏東去了。過了一段時間，雪琴姊又帶著女兒到中部一家醫院擔任醫師，春翔也就到了臺北，專心畫作。直到一九五一年到政工幹校美術科任教，他們一家三口才又團聚。住在北投幹校宿舍。

一九五三年，春翔轉至師大美術系任教，搬到第六宿舍，就是現在師大美術系大樓的原址。住在這個宿舍的還有馬白水、朱德群等，相當熱鬧。而此時，先母與我們住在麗水街，與第六宿舍遙遙相對，故每日都有往還。第六宿舍是兩層樓的房子，每戶一大間。春翔就在後院種了許多花，十分漂亮。春翔得到于斌主教的獎學金，是一九五五年，他即整裝到西班牙去了，沒想到此次夫妻一別，就是廿六年之久。（註47）

岱峻：您姊姊和姊夫總算團聚了，以前是聚少離多啊。

劉雨虹：也沒有。春翔後來脫離軍隊，在師範大學做講師，還不是教授。那時候系主任是黃君璧，是畫國畫的，他有點脾氣，那麼趙春翔個性也不敷衍人嘛，藝術人就這樣。春翔這一派，受林風眠校長的現代畫風影響大，接近後來法國的野獸派，可能與黃君璧藝術上見解不同。後來，是于斌賞識春翔，他看到他的畫以後就說，趙春翔我出旅費，你到西班牙去遊學參觀展覽。他有錢啊。

岱峻：他跟于斌什麼關係，于斌就喜歡他的繪畫？

（註47）劉雨虹：〈我所知道的趙春翔〉。

劉雨虹：沒有關係。是于斌自動找的他，那時候于斌是輔仁大學的校長。春翔有天就講，他說于斌有一天莫名其妙給我打個電話，他說反正有人給錢我就去，是這樣，後來也就辭了職。

岱峻：他是天主教樞機主教。

于斌（一九〇一年四月十三日至一九七八年八月十六日），字冠五，號希岳，後改為野聲，洗名保祿，黑龍江蘭西人，曾任天主教南京總教區總主教、第二位華人樞機、天主教輔仁大學在臺復校後首任校長等。抗戰期間，于主教在巴黎廣播說：現在中國即當此戰禍蔓延之中，仍是不斷的推發新時代的生活。「我們目前所處的階段，正像十世紀時被土耳其人侵略的歐洲，當時因著土耳其人的軍事勝利，希臘的學者便散佈到西歐各國，因此造成了文藝復興之大業，現在中日的戰事不久即將過去，而中國復興的氣象正當日益發揚呢！」（《蘭盎凡爾斯哈格來文報》一九三八年六月十八日）

——「推動中國的文藝復興」，不知是不是于斌資助趙春翔赴馬德里進修藝術的目的？

劉雨虹：對啊，他就是一個天主教的神父這一類的，趙春翔也不知道為什麼。他說既然于斌給我錢，我就去。後來他就去西班牙，到處看這個畫。後來也去法國，最後他就去了美國，在法國跟趙無極也見面啊，這些人後來也跑到美國去了。

岱峻：這時候趙春翔先生就與你姊姊分開了，婚姻也名存實亡？

劉雨虹：對，趙春翔最後就到美國，因為美國市場比較大嘛，我們當時有很多親戚也在美國。後來我那個外姪女有句話，她說我們中國人在美國，永遠不能跟美國的高層接觸，只有趙春翔不一樣，泛美航空的老闆是他的粉絲，所以他們常常最高層的宴會就請他。她說只有趙春翔可以進入高層，美國的高級社會，別人都進不了。這個愛畫也是原因，自己不見得會畫，可是有人就喜歡他的畫，對不對。後來不得了，他那俱樂部裡頭有很多美國的醫生啊，市長啊，這些都是，他們要跟他學，要先學中國畫，要買筆紙，他就找我，我一天到晚在臺灣給他辦這一些事，都是那一些人寫信來，泛美航空老闆的女兒說要來臺灣看看，搞得我還要去機場接。

劉雪琴與女兒趙萱萱。袁保雲提供

1967年前後在紐約，趙春翔與在美國的親戚。前左起趙春翔、葉玲玲、袁曉園、吳競濤母親；後排左起吳志華、吳競濤、葉南、吳競濤父親。

趙春翔在美國探索藝術三十年，歷盡艱辛，創造了既富有中國傳統藝術精神，又具有現代抽象繪畫特點的嶄新的中國畫風格樣式，推進了中國畫從傳統範式向現代形態轉換過程。一九六〇年代中後期，他在紐約舉辦個人畫展，並參加「世界現代名畫家聯展」，與畢卡索、米羅等著名畫家的作品一起展出。到一九六二年，趙春翔已開始由古根漢姆美術館邀請參加國際抽象畫大展。一九六三年年底，他被紐約古根漢姆美術館邀請以專家身分參加五十二國抽象代表畫家的國際展出。一九七〇年代他在美國藝壇活動十分頻繁，曾獲美國聯邦政府紐約州特別創作協會繪畫獎。

岱峻：劉老師，您寫過畫評嗎？

劉雨虹：我沒有辦法評論，我就寫過一篇〈我所知道的趙春翔〉嘛，在那個櫃子上面，有個鳥封面的。對，就是這個。

岱峻：這是個大畫家，不得了，而且是後來才被發現的大畫家。

劉雨虹：現在的行情一幅畫幾百萬。

岱峻：這個不得了，我們四川也有一個大畫家，常玉。

劉雨虹：常玉是女的嗎？

岱峻：常玉是男的，南充人，他的父親是絲綢大王，他的哥哥是牙刷大王，開始學東洋繪畫，後來到法國學西洋繪畫。

劉雨虹：對，我跟你講，還有一個畫家叫潘玉良。

岱峻：她是女的。常玉跟趙先生一樣，是後來才被發現的，生前籍籍無名。常玉的畫沒有人要，然後借給臺灣的歷史博物館辦個展覽，要邀請他回來，結果人沒有回來，就死掉了，現在他的畫一幅上億元。

劉雨虹：畫這個事情很奇怪，譬如有些畫畫出來就讓人百看不厭，就讓人覺得有味道。現在那個臺灣歷史博物館，還收藏春翔的畫，當時花錢買的。

岱峻：為什麼春翔先生有一段到成都定居？好像是八九十年代後。

劉雨虹：我跟你講，後來他從美國要回來，他跟他三弟是最好的，兄弟四個他跟三弟最好，他就先寄錢給三弟買房子，他好回去住啊，結果當時大陸買房子，不能用趙春翔的名字，要用本地人的名字。他就用三弟的兒子的名字。結果後來他美國回來到成都去住，他三弟的兒子就講這是我的房子，不願意他住那兒。他那個三弟也不懂啊，不曉得趙春翔的價值，所以後來就非要讓他走。當時他還帶了很多畫，後來沒有辦法他就走了。

後來我覺得趙春翔記性不好，可能是老人癡呆症，然後他成都回來，就回臺北啊。我姊姊不是跟他不對嗎，結果他的經紀人，是香港董浩雲的妹妹，金太太，然後那個金太太就通知說趙春翔哪一天到臺灣，就通知我姊姊去接。我姊姊不去，我說你不去不行，他沒有人接怎麼辦啊。沒有辦法就接到我姊姊家裡，在我姊姊苗栗的家裡住了一陣子。有一天我去看他，就招呼我一起吃飯，他吃兩口發現自己是飽的，吃不下了，已經吃過飯了，其實這個時候就有老人癡呆了。最後還是我姊姊照應他，我姊姊是醫生。

春翔在苗栗的最後一年多歲月，興趣仍是很高；剛回到苗栗時，身心欠佳。記得金太太來探望他時，他說不能再畫了。後來休養一段時期，又活躍起來，開始忙著整理從前的畫作。這些畫是八五年臺北市立美術館個展後留存在臺的一部分。當時為了存放這些畫，雪琴姊還特別加蓋了一間房子。不料竟成為他的畫室了。有不少畫在此又加筆添色。果然不大相同。最明顯的一幅是「人去花落」。他身體精神恢復後，又忙於作畫，他常說，畫畫就是他的生命。不畫就不能活了。他還幾次對雪琴姊說，現在的畫自覺得心應

手，隨心所欲。生命最後的這段時期，好像是頗為愉悅安詳的。（註48）

岱峻：還是跟你姊姊緣分深，他要是在成都或者別的地方，多可憐。他是回家死的。那是哪一年？

劉雨虹：一九九一年。有一天他就講，他心臟不好，我姊姊帶他到醫院去查心臟，先洗了澡，換了衣服，要去醫院了嘛，結果到了醫院啊，往床上一躺，就開始好像呼吸困難，上了氧氣罩，沒多久就死了。用不著洗啊，換啊，都不用了。當時，他就這麼快死了，我姊姊不是醫生嗎，我姊姊說有一種死是假死，不是真死，就把他拖回家，後來還是沒有活回來。趙春翔最後死得也很痛快啦，沒有纏綿病榻。

馬宏達：太有福氣了。您姊夫的八字您看過沒有？

劉雨虹：我不記得，從前大概有看過。

（註48）劉雨虹：〈我所知道的趙春翔〉。

馬宏達：藝術家也很不容易。

劉雨虹：他們藝術家不是為錢去努力的，沒錢也要幹，這樣才能成功啊。你看那個梵谷，每次畫展，哥哥都偷偷買兩張畫，活的時候一輩子那麼慘，死了以後三千張畫捐給美術館才成名。我姊夫剛到美國還沒有這麼有名啊，漸漸的比較有名了，他的事都我照應，我姊姊身體也不好，又住在苗栗，所以後來他常送我畫，那不是我跟他要的。他那個時候也沒有那麼有名，他死以後很多畫，我把他兒子從大陸喊過來，一樣一樣交待好，讓他兒子寫個收據。到現在我還有他幾張畫呢。最後的行情大概是三百萬到四百萬的人民幣。

馬宏達：多大一幅？

劉雨虹：多大跟價錢也不完全對應吧？當初，在香港有外國公司的經理跑到臺灣來找我，說他想做趙的代理，目前趙的經紀人是五五分，他說世界上沒這個行情，代理人應該四六分，畫家拿六分，但是董家這個女的，要跟趙春翔來個五五分，那畫家向來對這個事都是莫名其妙的，也弄不清。我姊姊也從不過問。

岱峻：她脾氣瀟脫，為人大度。

劉雨虹：我跟你講，我姊姊這個脾氣，有時候她真是，送人東西有什麼她都給人。譬如說她是醫生，她有藥，我們在臺灣的時候，我姊夫是師範大學教師，聽說他太太是醫生，有時候有同事找她來看病，一看你這病，藥要吃七天，她就把七天的藥通通都給了，我姊夫就講，買藥這麼困難，你給他一天就好，讓他自己去買。

馬宏達：她很慷慨。

劉雨虹：很慷慨。她不管那個，她站在醫生的立場，藥要吃七天，我七天都給你，她怕吃一天就不吃了，那就不會好嘛，她就是這個作風。我姊姊啊，那真是慷慨，她的鄰居說，後來趙春翔有一些畫在她那裡啊，人家說能不能買一張，我姊姊立刻說送給你送給你，都送人了，就這樣。

岱峻：也許就是這些畫還傷了她的心。

劉雨虹：對，所以後來處理他這些畫我很傷腦筋，因為我姊姊要都送人，我姊夫死了以後，有很多畫在她那裡。後來許多事要我安排，因為開畫展也是我，他出畫冊我給他寫文章，他在美國的時候，那時候還沒有出名的時候，買這個買那個都是我照應，因為我姊姊跟他不大對。

有一次拍賣會在北京，那個時候琳達家裡掛一張我姊夫的畫，後來有人，那個中國的名人的女兒，也姓趙。有一次拍賣，就問琳達，你那一幅畫要不要拿去拍賣啊，琳達就講能賣多少錢，也沒有說定。後來就跑來把畫拿去拍賣，正好我去北京，大概有人想買，就圍標吧，就定個價錢，不高。我跟琳達講，不行，你跟他們講至少要五千塊還是五萬塊，我忘了，後來他們講太高了，要便宜一點，正好我去，我說不減，一塊錢不減，畫立刻賣掉了，他這個畫值錢嘛！

琳達也很有錢，那時大陸人去美國，都招待嘛。琳達說啊，大陸來這一群人，招待他們累死我了。因為沒去過美國，到美國什麼都要，什麼都喜歡，都要買給他們啊，不是很累人嗎？當時美國人准許高官的子女去，這樣回去才會有影響。

趙春翔畫作（1）（2）

岱峻：您姊姊去世是哪一年？

劉雨虹：她八十九，那一年我在臺灣，她前一天晚上給我打電話。

馬宏達：大概是二〇〇七、二〇〇八年。

劉雨虹：反正是入殮的時候，講她的生平，就是講她八十九歲。她死得也蠻好的，在苗栗，苗栗中學的人就講，你們這裡住一個偉大的人的太太啊，你們都不知道啊。有一天夜裡給我打電話，她說我這個腿有點麻，好像怎麼樣。她一個人住在苗栗，有一個幫忙的人白天照應她。我說這樣，你明天一早就讓她帶你去醫院看一下，是怎麼回事，有時候是靜脈回流不好，後來就好了。但是清早她已經不會開門了。那個佣人過來喊她，她沒有起來開門，那個佣人就喊來警察把門打開進來，看她坐在床上，然後就給她送到醫院裡去了。到了醫院已經沒有呼吸了。醫院就馬上通知我，你們家裡有個人過世了，快來領。我們在臺北啊，我叫我那個女兒袁保雲趕緊去，就這樣。她在苗栗單獨一個人過了很多年，作學校的校醫，原來不是在醫院裡工作嗎，太累受不了，身體不好，作校醫比較輕鬆，對吧。所以我那個女兒袁保雲她沒事就跑到苗栗，有時候我過去看看她，就這樣，很孤獨。她小時候就很孤獨，我們吃飯啊，她不跟我們一塊吃，端一碗飯搞一點菜，自己到屋子裡頭去吃，不合群。我姊姊是信天主教的，天主教那個神父也過來做彌撒，說沒有見過一個人過世，一個親人都沒有。

岱峻：人生幾十年，您姊姊姊夫聚少離多，太不幸了。他們不是有一對兒女？

劉雨虹：我姊與春翔帶到臺灣的女兒叫趙萱萱。萱萱的先生叫黃孟度，也是華人，耶魯博士，做國際金融的。在香港的時候，是摩根還是哪一個美國公司的負責人，他最近才回美國，也八十幾了吧。

黃孟度畢業於美國耶魯大學，獲得該校碩士及博士學位。曾在位於美國華盛頓特區的國際復興開發銀行（世界銀行）工作。並先後在紐約擔任美國波士頓和美林公司經理職位。隨後為美林投資銀行亞洲區的首席代表和三叉戟國際金融公司的執行董事。黃孟度在諮詢、獵頭和商業運營等不同行業中有著豐富的經驗，並且參與到數家跨國企業在亞太區和中國的運營，也是許多公司的董事。著有《亞洲的外交及發展：亞洲發展銀行的設立歷程》一書。他已被《金融和工商業名人錄》，《亞太地區名人錄》及《世界名人錄》收錄其中。（註49）

趙萱萱和黃孟度結婚生有兩個兒子，在美國都還不錯。一個搞攝影的，

（註49）資料來自清科私募通。

在好萊塢。娶了一個美國人，常去臺灣，因為喜歡臺灣，袁保雲常看見他們，說他太太也生兩個孩子，他這個太太非常好，很溫柔。一個小兒子在美國當醫生，他帶著太太來過。他說最喜歡做急救室的醫生，那個急救室進來都血淋淋的又是怎麼，他看到這個就很興奮。對，他小的時候，一度他爸爸公司被別人拖垮，結果停止營業，香港搞這個很嚴重啊，他就把兩個兒子送到我們家住，那個時候小的那個，現在當醫生啊。那個時候還小，十來歲，袁保雲照顧他們，給他們做吃的幹什麼的，他就給袁保雲寫封信，說我要跟你結婚，這個事不要讓哥哥知道。好可愛，十歲嘛。上次他來了，袁保雲拿這封信，看你要不要跟我結婚，他說我現在已經有女朋友了，好玩的不得了。

岱峻：他的兒子為什麼在大陸呢？

劉雨虹：當時撤退的時候，她的公公婆婆，就是趙春翔的父母，從小照應這個孫子嘛，本來要一塊來，可是當時船位、飛機位沒有那麼多，就說他們先過來再接，結果接不到了，所以他留在大陸。我跟你講，他這個兒子我們不太了解，現在還偶爾打個電話給我，他也不知道他爸爸的價值在哪裡，他爸爸留下來的一些練習畫就拿來擺地攤賣，這個沒有辦法。他的女兒現在在美國一個病院，她也沒有大毛病，反正就是有一點不對勁，也不是精神病院，就是說比那個稍微淺一點的，因為美國的福利好嘛。

岱峻：所以他們家四口人……

劉雨虹：對啊，很可憐。當初我姊姊跟春翔結婚的時候，我爸爸講一句話，說你姊姊沒有眼光，因為你是一個學科學的人，嚴謹。你嫁一個藝術人，藝術人自由奔放無拘無束，對不對？

這一家人，兒子滯留大陸；夫妻二人一起生活總共不到五年。妻子壓縮了一個女人對幸福的所有渴望，埋頭工作，一個人承擔起扶養女兒的重任，後來女兒出國留學，她就過著掩門度殘生，孤燈守空帷的淒清歲月。劉雨虹曾寫道：「雪琴姊於春翔赴西班牙後，帶著萱萱到南部一家醫院工作。由於工作忙、病人多，不久就累病了。我勸她辭去工作，接她們母女到臺北來養病。後稍康復，就到苗栗中學擔任校醫，工作比較輕鬆。而萱萱就留在臺北上學，由先母照應，與我們住在一起，直到大學畢業。雪琴姊則在苗栗工作直至退休，一直住在學校的宿舍。」（註50）

趙春翔居海外三十五年，在紐約華人畫家眼中，是一生未婚的「老獨頭」。作畫、釣魚之餘，排遣孤獨的方法是在斗室種花養鳥，或者到中央公園快步走路，有時趁夜深人靜，獨自跑到紐約市郊的漢森大河公園「枯坐達旦」。

岱峻：還是有眼光，嫁給一個世界知名的大畫家。但不了解這些就看不懂趙先生的畫，趙先生有一幅畫就叫〈一家四口〉，畫面上有很多東西，就是悲苦的，寂寞的，憤慨的，分離的，扭曲的，什麼都有，就是沒有平靜和甜美。

劉雨虹：對，我看有人評論他，就是說很渴望一個美滿的家庭，好像是

（註50）劉雨虹：〈我所知道的趙春翔〉。

1983年清明節，書院師生郊遊，劉雨虹與女兒保雲。

這樣。像朱德群他們幾個人，當時林風眠手下的幾個人，在學校的時候，趙春翔是林風眠的學生嘛，畫的畫他就喜歡，還拿一張掛到辦公室。林風眠那個時代杭州藝專很有名氣，現在這個時代，現在大陸繪畫界有沒有了不起的人啊？

岱峻：現在我要是畫家，我畫一筆，我就會想我這一筆值五百塊錢，我每一筆下去我就會想，我這畫的等於是金幣，他不是藝術人，沒有感情，沒有思想，當今的畫家很多這樣的，當然作家也是一樣啊。

劉雨虹：好歹也有一兩個嘛。

岱峻：雖然鳳毛麟角，有還是有的。

岱峻：劉老師，說點輕鬆的話題，你們河南人在臺灣有沒有聚會？

劉雨虹：有聚會我也不參加，我不參加任何幫派。有個臺灣人我問他你府上哪裡，河南，我說你不是臺灣人嗎？他家裡掛著一個匾，河南什麼地方，從河南過去的，他是第三代，河南人也到處走啊。

岱峻：臺灣歷史博物館河南的東西多，就是原來的河南博物館，河南博物館整個東西搬到那邊了。董作賓先生您跟他接觸過嗎？

劉雨虹：熟，他不是河南人嗎，趙春翔跟他很好，常去。我說你常常去董老那裡，給我要幅字吧。董作賓給我寫了一幅甲骨文的字，現在在臺灣，那一天想起來趕緊給我女兒打個電話，你不要不識貨，把這個隨便扔了，還在臺灣，那是甲午年，一九五四年寫的。董作賓是我們老鄉嘛，趙春翔跟他很好，有時候一塊兒到我們家來過。

岱峻：董作賓很困難，為什麼困難，因為他孩子多，他那個前面太太生五個，後面生五個，他有十個孩子，我跟他幾個孩子，尤其有一個叫董敏的，故宮博物院攝影的，我跟他比較熟悉。他們在李莊六年。

劉雨虹：我們認識的時候他已經在臺灣了。

岱峻：還有李霖燦先生。

劉雨虹：對，李霖燦，也是杭州藝專的，也是河南人。當過故宮博物院副院長。他後來是研究少數民族的麼些文。

岱峻：他說他這輩子活得好，前半輩子在麗江看雪，後半輩子在故宮看畫。他在麗江就研究東巴文字，他有點福氣，他也喜歡交朋友，他走到麗江以後他就不走了，就停下來。董作賓先生幫他，把他介紹給沈從文，然後又把他介紹給中央博物院，他本來是一個學生，就跟趙春翔先生一樣，是一個學生，西湖藝專的學生，突然得到一個委任狀，聘他作中央博物院的書記員，薪水二百大洋啊，一下子就變成中央大員了。他就在那裡收集了很多東巴文物，一些納西族的東巴經啊。他還交了一個朋友，是一個東巴，東巴的意思就等於藏傳佛教裡面的活佛，差不多就是那個意思，要修五明的。他把這個朋友帶回李莊了，在李莊他就跟那個朋友，一起編東巴辭典和東巴字典，其實他開始也不太懂，但是李莊就有很多研究語言學的，比如說李方桂啊，這些治語言學的就教他國際音標，他學會國際音標再來轉注東巴文字。

劉雨虹：我記得有一天啊，說美國國務院邀請李霖燦去。

岱峻：一九五六年，請他去幫助國會圖書館整理一些東巴的東西。

劉雨虹：對吧，我說他幹什麼的，東巴文字，聽也沒有聽過。因為美國這個學院派啊，對各方面都很注意嘛，這個是僅有的。很好玩，李霖燦，他太太是一個聲樂家？還是誰的太太我忘記了，跟他時間差不多的。

馮志：董作賓先生的太太是學音樂的。

劉雨虹：對。

岱峻：董先生的第二個太太是他的學生。當時安陽發掘出來那些東西以後，第一次發掘就是董先生去的嘛，後來就是李濟去。董先生後來作了中央文物保管委員會的委員，當了委員有很多女生喜歡他。有一天他頭腦發熱，帶了一個小女生去考古工地了。中國搞田野調查是不帶家眷的，像趙元任那麼西化的人，都不讓你帶家眷的，怕苦樂不均嘛。你看田野考古，都是男人，突然你帶個女眷來，別人不高興的嘛。董先生帶個小女生去，然後又住在招待所，這個事情下面的人就很有意見了。事情鬧大了，後來中央研究院就查這個事情。董先生要引咎辭去他的工作了，李濟也要辭職，梁思永先生也要辭，傅斯年也要辭，這一下子史語所不就垮掉了嗎？丁文江先生就當和事老，各方面去勸，然後傅斯年也就下臺，就是說這個事影響風紀，不傷風化。其實，董作賓先生當時已經與原配離婚，當然他也很快和小女生熊海平結婚，結了婚後他就特別愛小孩。熊海平就是在開封師範學音樂的。

劉雨虹：對，在臺灣我們住得很近，有一次我們還到她家裡去，說起來和董先生有關係，我還糊塗了一陣弄不清楚怎麼回事。

岱峻：其實他人很好，對他五個孩子很有責任感。一天到晚工作完了以後，拚命寫甲骨文去賣，託在昆明的陳岱孫、沈從文幫他賣，到了臺灣以後去香港賣，為了小孩拚命地寫。

劉雨虹：董老老年也是失眠啊，他那個學醫的兒子有一次跑到老古來……

二　好友周夢蝶

周夢蝶（一九二一年～二〇一四年），原名周起述，河南淅川縣人。筆名周夢蝶起自莊子午夢。父親在他出生前就已去世。作為遺腹子，他由寡母養大。先後在開封師範學校，宛西鄉村師範就讀。又因戰亂肄業。一九四八年去武漢，求學未成，隻身隨國民黨青年軍轉赴臺灣。一九五六年退役，在臺北武昌街尾擺攤賣書為業，糊口度日。其間因病歇業長達二十多年，惟其不改詩人之志。在他漫長的一生中，溫情寥寥，內心悲苦，只寄予詩，以詩之哀，吟唱生之多艱。他曾寫〈雲〉無家無根無牽絆的茫然：「永遠是這樣無可奈何地懸浮著……我沒有家，沒有母親／我不知道我昨日的根託生在那裡／而明天—最後的今天—我又將向何處沉埋……」稍有安定，周夢蝶也開始看一些關於佛教的書，在街頭凝神靜坐學習禪定。

岱峻：還有周夢蝶先生，我知道他的故事，看過他的詩集，也喜歡他的詩。我看你寫他有一段很有意思，就是說每一次聽南老師講課，他總坐第一排。

苦吟詩人周夢蝶。

劉雨虹：這個周夢蝶啊，我寫過關於他的很多文章，跟他的交往很頻繁，很近，因為他也是河南人，跟我老鄉，又是同齡人，與我同歲。那時他在開封讀師範，我讀女中。周夢蝶太有個性。臺灣不是有個詩人余光中嘛，他從前還跟余光中學過。

岱峻：也是你們金陵大學的校友。

劉雨虹：對啊。我請周夢蝶吃飯，他永遠點一個菜，永遠點那個打滷麵，他小時候窮啊，最便宜是陽春麵，比陽春麵好一點的就是打滷麵，我猜想他小時候光想吃打滷麵，吃不到，對不對。後來因為周夢蝶有名了，他有一個，不算經紀人，反正就管他這個詩。國際上有個詩會，我跟你講，周夢蝶寫幾行字賣幾百萬耶。我說我都送人了，我都不要了，為什麼，我說我拿這個沒有意思，應該給周夢蝶基金會，將來可以發揚光大嘛，我通通捐給他們。

馮志：是他的手稿嗎？

劉雨虹：對，所以那一陣子我常來大陸推廣老師的書，我一回臺灣第一

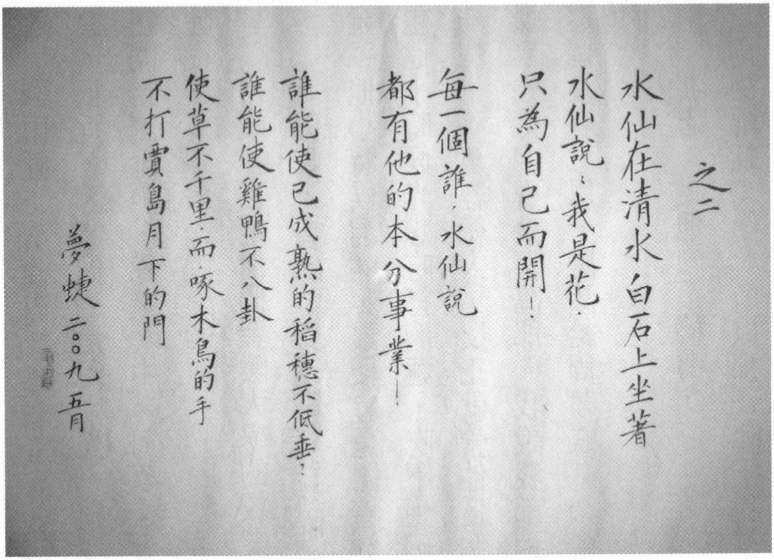
之二
水仙在清水白石上坐著
水仙說：我是花，
只為自己而開！
每一個誰，水仙說
都有他的本分事業！
誰能使已成熟的稻穗不低垂？
誰能使雞鳴不八卦
使草不千里，而啄木鳥的手
不打賈島月下的門
夢蝶 二〇〇九 五月

2009年5月周夢蝶詩稿。

椿事就打電話給周。他說你回來了？我說回來了，請你吃飯吧。吃什麼飯？就愛吃東坡肉。從前我們在老古編輯室的時候他來，後來那個沙彌講，我們大家都很喜歡跟他聊啊，喜歡他的詩，他進來就找劉老師，他們說劉老師今天沒有來，他回頭就走。她說我們想跟他聊一聊都不行啊。他跟別人也不大交談，所以後來他很有名，然後我一回臺灣第二天就趕緊找他，把他約出來吃飯，請吃東坡肉。有時候我就把他約到家裡來吃飯，我這個女兒後來很氣，做了好多菜，一上來一盤餃子吃下去，吃完了嘴一擦，好了我吃好了，坐到旁邊，其他菜都不吃。還有啊他很奇怪，我約他明天晚上來吃飯，上午他來了，敲我的門，說我已經到了臺北，他住郊區。我說你既然來了你就上來吧，午飯在我們這裡吃，不要，附近有一個咖啡店，沒有人，只有我一個人，我去坐那兒。所以這個文人啊，很特別。

周夢蝶十六歲便已成親，已有兩男一女，當時在大陸有家室的男子去臺灣後迫於無奈，另娶新人的例子不少。但對周夢蝶而言，卻是不能逾越的界限。他陰柔懦弱，缺乏陽剛之氣，曾說自己有過兩次類似愛情的經驗，但「一次是錯覺，一次是幻覺」。女詩人紫鵑調侃他「分明就是《紅樓夢》裡吃胭脂粉長大的賈寶玉，對於每一個『妹妹』都招架不住」。他鄉遇故知，於是，他與同齡同鄉劉雨虹的感情就特別率真，不假修飾。劉雨虹自述：「說到與周夢蝶四五十年來的交往，是友情，也是鄉情，也有詩情，更有道情……

反正很複雜多樣就是了。」（註51）

岱峻：你們的關係介於朋友兄妹之間。

劉雨虹：對對，兄妹之間。還有好玩的事我跟你說，有一天有一本書前頭讓他寫老師的什麼，我說你的字好，他那個字是瘦金體。有一次我讓他寫篇字，他寫好了以後拿過來，我印出來，因為太瘦了印不出來，就把他加胖一點。我說你看見了沒有？他說你等我的回信，我已經寄給你了。我說你就電話裡告訴我嘛。他說不行，你看了我的信就知道了。第二天收到他的信啊，上面寫的是，「你讀過《石頭記》沒有，你覺得你像裡頭的哪一個人？」我說周夢蝶你怎麼這樣？他說不行，你一定要告訴我，你像哪個人。

馮志：劉老師，他是不是認為妳像湘雲？

劉雨虹：史湘雲啊，我說我是探春跟史湘雲的混合體，他說對，就是這樣。就是說我有時候很隨便，但是探春辦事也很會辦事，所以我說是她們兩樣。

（註51）劉雨虹：〈關於周夢蝶二三事〉。

2004年10月11日臺北老友會，右起劉雨虹、周夢蝶、杭紀東。

個的混合體。所以說周夢蝶這一個人怪啊。請他吃飯，我說我請你吃東坡肉，他說好啊，正在被窩中睡著，爬起來就忘了這個事兒。有時候我跟他像兄弟姊妹，還有有時候他有委屈訴苦，人家罵他，我就替他把罵他的人罵一頓，他就舒服了。這個世界上如果沒有這些文人，你看世界多無聊啊。大概在一九八〇年代，在復青大廈十一樓，周夢蝶穿著隨意，像是一件長大衣，腰上又紮了一條麻繩般的腰帶，他的座位離老師講臺只有大約一米的距離。那一天，南師在講課時，因為提到一首七言律詩的內容，接著也就談起來舊詩詞的種種妙處。話鋒一轉，又批評起來新詩，說新詩言句奇怪，不通，不知說些什麼等等……說著說著是中場休息了。老師退到休息室，我連忙趕進去對老師說：老師啊！你不要再罵新詩了，下面第一排坐的那個周夢蝶，就是一個有名的新詩人啊！休息過後，南師再上講堂，就說：新詩也有它的特殊之處，有許多人喜愛……說著說著，就對聽眾中的周夢蝶說：「對不起啊！」周夢蝶悄聲說了一句：「跟我有什麼關係啊。」聽眾都忍俊不住。

在大陸的那個家，周夢蝶作為兒子、丈夫和父親的責任一樣也沒有盡到，他的離開完全剝離了自己與家園的聯繫；在臺灣社會，退役軍人於他並不是身分的象徵，小書販也僅糊口謀生的手段；縱是詩人，受到的關注也只在一個很小的圈層。於是在茫茫宇宙中，他把自己比喻為〈托缽者〉：「所有的渡口都有霧鎖著／在十四月。在桃葉與桃葉之外／撫著空缽。想今夜天上／有否一顆隕星為你默默墜淚？／像花雨，像伸自彼岸的聖者的手指……」

劉雨虹在〈關於周夢蝶二三事〉一文中轉摘周夢蝶的〈好雪！

片片不落別處〉——

生於冷養於冷壯於冷而冷於冷的——／山有多高，月就有多小／雲有多重，愁就有多深／而夕陽，夕陽只有一寸！／有金色臂在你臂上扶持你／有如意足在你足下導引你：／憔悴的行人啊！／合起盂與缽吧／且向風之外，旛之外／認取你的腳印吧

這是周夢蝶的詩，這是詩嗎？是的，是白話詩，是詩人的詩，只是周老這個人的詩，詩中又有「盂」，又有「缽」、「如意足」之類佛門的語言器物，所以後來有人稱周老「詩僧」。

馬宏逵：《懷師的四十三封信》那一本書有一首您寫給老師的詩，說明您很有詩才的。

冬去春來古今同　百卉春容秋亦容
西來達摩原多事　既是過客何留蹤
願打願挨木偶戲　黃屋並非盡蛟龍

成佛本來事更多　何必飛鵬愁萬重（註52）

一九八六年三月二十一日，南師在回信中寫道：「詩寫得很有意思，但能表達思想和情感，當然便是文藝的好作品。」

劉雨虹：我告訴你，半夢半醒作的，可能從前的業報，上輩子會，這輩子不會，我這個不是苦思得來的，就是莫名其妙忽然就會了。你現在讓我作一首詩，我也不會作。

岱峻：我看劉老師在《人文世界》所寫的卷首語，還有您寫的評論性的文字，還有抒情性的文字，您還寫了好多詩啊，還有很多抒情性的文字寫得很美。您怎麼看待新詩和舊詩？

昨夜，又夢見了紅葉，還是那片紅葉。／那時，我倆在樹下對弈，夕陽西下的林中，但聽鳥兒在唱，林邊溪水潺潺作聲。／突然，一片紅葉飄落在妳的髮上，那紅裡透橘的一片紅葉，恰恰停留

（註52）劉雨虹編《懷師的四十三封信》51-52頁。

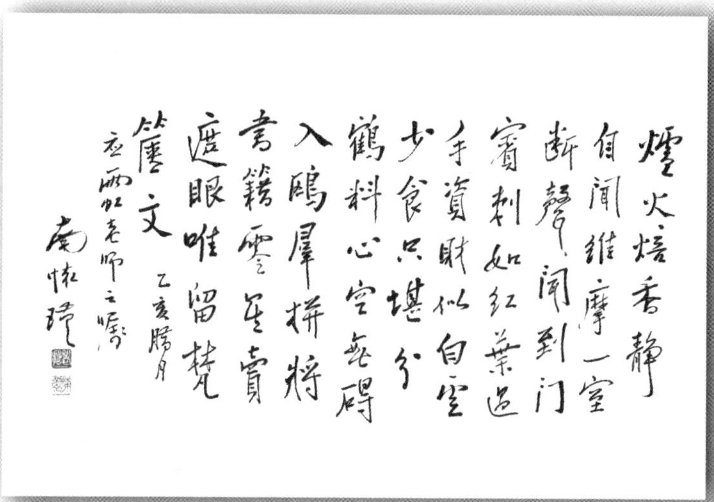

1996年，南懷瑾題贈劉雨虹詩。

在妳的髮夾上，如雲的烏髮披肩，／佩上了這片橘紅色的紅葉，潔白的臉龐透紅，／啊！青春朝氣正散發蕩漾在林中！／……可愛的紅葉啊！／可恨的紅葉啊！／我愛的是哪一片？恨的又是哪一片？／愛它的是誰啊？／恨它的又有什麼相干？／我在混亂中醒來，弄不清自己是誰，誰又是夢中的癡癲。／秋去冬來，月落太陽又出山，／天涯海角，我常獨坐樹下，看落葉片片。／然後，我又起身掃去，／我時時在掃，不停的在除，／我不斷的在掃除。／今朝夢醒，我又步入林中。／正是秋高氣爽，萬里晴空，

／一陣風吹，仍是落葉繽紛。／我忽然丟掉了手中的掃帚，／本來嘛！／哪一片是有意？哪一片算無情？／這時萬里無雲，海闊天空，／我悠然樹下獨坐，／任憑那落葉飛舞飄零……（註53）

劉雨虹：我比較喜歡新詩，因為舊詩有個韻腳，你為了這個形式，委屈思惟，不能盡情。你看周夢蝶那個詩，那是什麼詩啊，但是他就很感人，對吧。所以前兩天我過生日，很多人給我寫詩，寫這個舊詩，功力也不錯啦，我是比較喜歡沒有拘束的，你看周夢蝶他自己寫詩，他自己也很感動，然後你才會感動，你天天注意這個格式，已經有點不太合適了，對不對。只是中國傳統要守規矩，從小就練習，描紅，作人吃飯怎麼樣，什麼天對地，背那一套，那都是形式嘛。可是新詩有些，是個人個性啦，有的人看這個就覺得不成格局啊，可是還是喜歡的人多，因為他感動自己，感動別人。周夢蝶也是一個怪人，他自己一個人坐在馬路邊上，盤著腿還在那裡寫字，誰辨得到

（註53）劉雨虹：〈落葉片片〉，《人文世界》二卷十期，民國六十一年十月。

啊，這個就是說老師門下的人奇奇怪怪的事，可是南老師他就是說，把該說的說，他不加批評，任何人他不批評。他不會教你不應該這樣，應該那樣，從來不會。

第十章　我是南師永遠的義工

岱峻：劉老師，您是五四新文化運動的那一代新女性，但好像也與佛教緣分深？

劉雨虹：對的。有一個人看手相，說我有七世是和尚。

馬宏達：看手相還能看出這個來嗎？

劉雨虹：誰知道真假啊，只是自己覺得跟佛法有緣。為什麼？我住那個地方在三樓，一樓是東北覺光大和尚，他人不住那裡，臺灣有個比丘尼住那裡，給他看管這個地方。結果有一天附近失火了，這個比丘尼不去喊救火隊，就跑到屋子裡咚、咚、咚，趕緊念經。太奇怪了，我就下樓去問她，她也不理我，只送給我一小本《阿彌陀經》〈大悲咒〉，我從來沒有見過這些東西啊。我一看那個〈大悲咒〉，一個字都不認識。我說這是什麼玩意啊，我說不行，我非得把它念會不可。我就在那裡每天念，所以我最早會背的就是《大悲咒》，你想我如果前世沒有這個因緣，看也不會看，更不會去背吧。

馬宏達：那時候多大的年紀啊？

臺北連雲街蓮雲禪苑，「東西精華協會」舊址。

劉雨虹：袁保雲一兩歲那個時候，我四十四五歲了（大約是一九六五至一九六六年）。在家裡沒事，就唷那個〈大悲咒〉。後來就認識臧廣恩，他太太一輩子吃素，是學佛的，是我們老鄉。臧廣恩跟我講，你念觀世音，觀世音會來救你。我說你怎麼知道啊？他說觀音發過願啊。我說人發願不算數啊，今天發，明天不發了就不算了，對不對。社會上人不是就這樣嗎？他說他這個發願怎麼樣怎麼樣……

馬宏達：《普門品》。

劉雨虹：《普門品》，我不懂啊，《普門品》中說當人臨刑被殺的時候，觀世音來救你，我說觀音為什麼要去救他，他是個壞蛋啊。那時立法委員蕭天石，他要弘揚道家就印《道藏》，在立法委員裡頭預售募款，立法委員大家看面子，就有很多人訂書，他就拿這個錢，把《道藏》印出來。袁行廉（我先生的堂姐）的先生是立法委員，拿到書以後，袁行廉就看，說道家這樣，又是什麼嗚天鼓啊，又是什麼修行啊，看了以後她就過來教我，如何嗚天鼓，我們兩個人就搞這個事。

這個事有興趣最初是袁行廉帶領的，有一個李杏邨，我有一個鄰居湯志平跟他熟。有一次相約去看承天寺廣欽和尚。廣欽和尚只吃香蕉、喝水、不倒單，永遠盤腿打坐。我說奇怪天下還有這個事，就和李杏邨、湯志平，一塊去看廣欽和尚。

這一年很特殊，好友陶蕾，也是喜讀新詩的人，這年也從美國回到臺灣，於是我二人加上周夢蝶還有徐進夫，時常共約出遊。有一次到承天寺拜見廣欽老和尚，他是從福建來臺灣的，聽說他在福建山中修行，有一次進一個洞穴打坐，原來是老虎的窩，老虎回來看到和尚坐在牠的地方，就在門口猶疑，老和尚也看到了老虎，但他說，自己心想如果欠老虎命，就被牠吃掉算是還債，老虎後來就走開了，大概和尚不欠牠命。（註54）

（註54）劉雨虹，〈關於周夢蝶二三事〉。

看了以後開始對這一門有點感覺。後來湯志平就跟我講，有一個南懷瑾，常常在師範大學公開講演，你可以去聽。我還問一個農復會的朋友，聽說過南懷瑾沒有？他說學佛的，會講佛法。後來就聽老師講課了嘛，那年我四十九歲了。

維基百科介紹：

南懷瑾（一九一八年至二〇一二年），國學學者，中國古代文化的積極傳播者。出生於中國浙江溫州樂清南宅殿後村的書香門第，自幼飽讀詩書，遍覽經史子集，加之一生從軍、執教、經商、遊歷、考察、講學的特殊經歷，使其對中國文化鑽研精深、體認深刻。其著作多以演講整理為主，內容往往將儒、釋、道等思想進行比對，別具一格。對現代中國傳統文化普及的作用不容置疑。

南懷瑾一九一八年生於浙江溫州樂清，自幼接受傳統私塾的嚴格教育。浙江省國術館第二期畢業；中央軍校政治研究班第十期修業；金陵大學研究院社會福利系肄業；一九四五年，前往四川、西康、西藏參訪。期間在峨嵋山中峰大坪閉關。離藏後赴昆明，講學於雲南大學，後又講學於四川大學。一九四七年返回故鄉溫州樂清，不久，歸隱於杭州三天竺之間。後又在江西廬山天池寺附近清修。一九四九年春前往臺灣，相繼受聘於中國文化大學、輔仁大學和國立政治大學講學。一九六九年創立「東西精華協會」，後創立「老古文化事業公司」和「十方叢林書院」。一九七一年創辦《人文世界》雜誌。一九七六年到一九七九年閉關於鬧市三年。一九八五年旅居美國，成立維吉尼亞「東西學院」。一九八八年到香港居住。一九九四年應妙湛長老之邀到廈門南普陀寺主持「南禪七日——生命科學與禪修實踐研究」。二〇〇四年從香港移居上海。二〇〇六年到蘇州吳江廟港太湖大學堂定居。對中國文化和社會均產生了深遠影響。二〇一二年九月二十九日下午四時，南懷瑾在江蘇省蘇州市吳江區七都鎮廟港太湖大學堂去世，享年九十五歲。

岱峻：一九六九年，您四十八歲。

劉雨虹：我一九六九年認識南老師的時候是個關鍵。我生在五四運動時代，打倒孔家店，從小我沒有念過四書五經，後來看到南老師一篇文章，那觀念就比較改變了。然後第一步，南老師在臺北師範大學開講座，當天的講題是《佛學概論》，大概有一百多人聽講。我一回頭看見老師來了，我覺得老師臉上有金光，金色一樣的金光，我心想這個人對了。

岱峻：後來是怎麼跟老師走近的？

劉雨虹：後來老師就搞了一個禪學班，我還記得在青田街。也不收錢，就是有興趣的來聽吧，十幾個人，當時周勳男也是其中的一個，還有幾個人。那一天孫毓芹搞了一個盒子，說是樂捐。我捐兩百，我先生捐兩百，廉姊捐兩百，還有葉曼夫妻兩個也去了，各捐兩百，你看我們就捐了一千嘛，打開盒子一看，一共一千二，其他那麼多人共捐了兩百。那些都是學生嘛！有人也許捐十塊八塊的，對吧。那時，開班不收錢，因為規定私人講學可以，但不能收錢。老師就是顧忌收費這個事，還是孫毓芹給他弄的。剛認識

1970年3月東西精華協會成立留影。

老師的時候，他就說我：「你是吃兩碗飯長大的。娘家一碗，婆家一碗」，意思是說我不懂世上人心的複雜、難測和醜陋。我可能與老師有文字緣吧。

老師講了以後，就去日本了，那一次，與日本文化交流嘛，瓊瑤的爸爸陳致平，也是一起去的。老師就送了瓊瑤爸爸一本自己作的詩集，很簡單的一個詩集。詩集拿回家了，瓊瑤的媽袁行恕就開始看，那個時候我跟老師還不熟，就問她，妳看這個南懷瑾的詩集，怎麼樣？她說，他這個詩啊很空靈。

馬宏達：老師去日本回來就開始搞東西精華協會，跟禪學班有關係嗎？

劉雨虹：沒有，禪學班先辦，自從搞了一個「東西精華協會」，搞了一個組織，等於內政部登記了，這個時候的正式講學，就可以收學費。我們就趕緊報名參加，十幾個人，有李淑君、周勳男、史濟洋、劉爽文，還有山東人那個寫字的王鳳嶠，王鳳嶠的表哥韓長沂，也是山東人，跟老師很久，老師很早跟楊管北他們講課的時候，他都參加。那個時候南老師就講禪宗《指月錄》，講禪宗祖師悟道經驗，太神奇，太美妙，太震撼心靈了。令人似醉如癡，那是沒有言語可以形容的，怪不得佛說：「我法妙難思」。

二十世紀七十年代，南懷瑾老師在臺灣成立東西精華協會，開辦禪修班，開設課程有《論語》和禪學。關於南師與《指月錄》，南先生講過有一段奇緣：

剛才講到張學良，在西安事變以後，跟蔣老頭子到南京，蔣就把他關起來。……關起來這幾十年，看守他的是我的朋友劉乙光（湖南人，黃埔六期的同學）。他由南京開始一直看守著他，抗戰時住在貴州風景最好的花溪，到臺灣住在新竹，也是風景最好的地方，始終有一排憲兵保護，始終有多少男的女的侍應生。

劉乙光看守他一輩子，很有意思。看守工作由中校開始，最後昇到中將為止。……甚至，講到佛學方面，還有一個很有趣的事。抗戰勝利了，我還在四川成都沒有走，大家都復員回來搶官作，我仍在成都打坐，後來到昆明。那時是民國三十六年秋天，劉乙光從臺灣寫封信給我，航空寄來，叫我替張學良買一套書，當然是國民政府公家出錢。他跟我說，我們師兄弟，你就幫我買一部禪宗的《指月錄》，是張學良要的，於是我就在成都文殊院印經處，買一部寄到臺灣給他。

後來我到臺灣，劉乙光來看我，我說：「老兄啊，臺灣是文化沙漠，什麼都沒有，佛經沒有，四書五經也沒有，好版本找不到，只有亂七八糟的日文書。我想印《指月錄》，你叫我幫張學良買的那一套還在不在？」

「還在。」

我說：「他學禪，跟你學嗎？」

他說：「哎喲！他什麼都亂搞，只要有興趣，他要什麼，上面老頭子有交代就買什麼。先是學明史，我給他請一個老師。這老師我也認識叫周念行，有人一目十行，他是一目二十行，也學明史的，所以專門請他來上課。學史不成又想搞禪宗，所以我託你買。他哪裡看得懂？搞搞又不搞，現在搞起基督教來了。」

我說：「那挺好，我正要這部書，你幫我拿來。」

後來劉乙光就把這一套送還給我，我在臺灣印的第一本書就是這本《指月錄》。那個時候，我還沒有在楊管北家裡講課。我覺得臺灣很需要這書，印出後結果也賣不出去，我沒有錢，是借錢來印的，還要賠本。後來沒有辦法，有個學生聶公陽，當時是社會處的處長。我說你把我印的《指月錄》賣掉，他說哪裡賣得掉！我說你想辦法，我是背債印行的。結果他就把錢弄來，說老師啊，你去還債吧！書我來處理。

後來文化慢慢推行起來，需要《指月錄》了，我就問聶公陽，我說：「公陽啊！我當時賣不出去的那個《指月錄》，現在流行啦，很需要，你還有的話幫我找來。」

「哎喲！老師！統統沒有了。你當時叫我想辦法幫你把書賣掉還帳，那書除了我們要看，當時誰看得懂啊？我也沒有辦法，又不能去敲竹槓，不能公開叫商會買。最後有個屠宰業公會會長，跟我比較要好，我就叫他幫我想想辦法。他就把書拿去，把錢拿來，所以老師我才把錢交給你把印書帳還了。」

後來我問他書哪裡去了，他說包豬肉包完了。我說好，為張良弄來的佛學禪宗書籍，印出來以後（當然原書我還保留），賣給屠宰公會包豬肉包完了。這也是天下一大奇事，哎呀！所有歷史，我看還是用這真實故事做個結束吧！一句話：所有歷史的真實故事，都是被屠宰業包豬肉了，豬肉吃完了，連毛都不剩，誰能找到

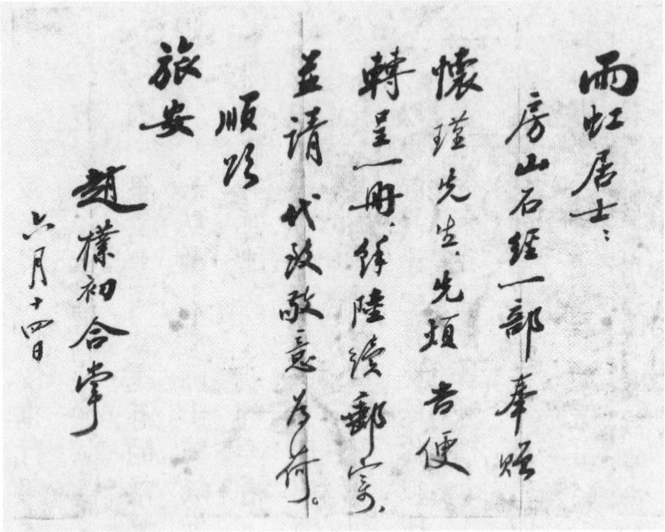

1991年趙樸初致信劉雨虹贈送月餅，轉贈南懷瑾《房山石經》。

蹤影呢！（註55）

岱峻：禪宗史、禪宗公案都很吸引人。

劉雨虹：所以老師上課教那個《指月錄》，我受益很大，禪學班就是講這些禪師的一生，你看那些禪師後來倒楣，倒楣也哈哈大笑，對吧。你能夠這樣不是少煩惱嗎。所以我常常說幸虧老師先開那個禪學班。那時候學這個大家也沒有開悟啊，可是看了這個祖師的生平，

（註55）南懷瑾《對日抗戰的點點滴滴》，南懷瑾文化，2015年出版，66-71頁。

對我們作人做事影響非常大，有些事就不那麼介意了，所以禪宗祖師講「放下」，有時候就比較不會那麼計較了嘛。還有人批評老師，葉曼就批評老師，她說教禪宗不應該先教祖師的《指月錄》，這些不好，又是怎麼樣怎麼樣。那你不從祖師的生活態度學起，你學禪宗幹嘛呢，對不對。

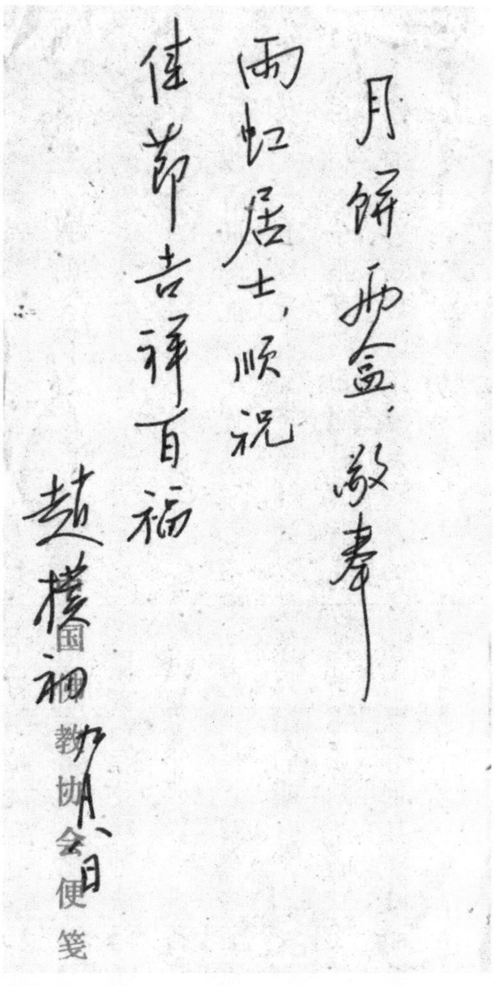

1991年趙樸初致信劉雨虹贈送月餅，轉贈南懷瑾《房山石經》。

《指月錄》，全名《水月齋指月錄》，是記述禪宗僧侶事蹟言行的書，明朝人瞿汝稷編。瞿汝稷，官至太僕少卿，博學，信佛。他於萬曆三十年（一六〇二年），撮匯歷代禪師法語而成《指月錄》三十卷。所謂「指月」，源於六祖慧能與無盡藏尼的一次對話：後者問慧能，「你連字都不識，怎談得上解釋經典呢？」慧能回答：「真理是與文字無關的，就像天上的明月，而文字只是指月的手指，手指可指出明月的所在，但手指並不是明月。」這就是禪宗所喻，佛法經文不過是指月的手指，只有佛性才是明月所在。禪宗故以「本來無一物」為上境，以「萬慮皆空」為至德。主張不立文字，不下注腳，親證實相，方為究竟。

岱峻：禪宗講，道在平常心，不是文字般若，是生活哲學。

劉雨虹：那天有人送一件禮物給一個同學，那同學再三客氣，不願接受。南師後來看不過，就對這同學說：你不收他的禮物，不要認為你不欠他了，你仍然欠他，你欠的是他對你的那份情。所以，情的債是最難還的，如果你收了禮物，你欠的只是禮物，是物質，那是容易還的啊。世上最麻煩的債是情，生生世世纏繞，解不開，尤其是親情、愛情……所以，我看老師對別人的餽贈，常常欣然接受，立刻還禮，似乎情也有了，禮也有了……

有一次南老師講課，大廳廣眾說，我坐不改姓，行不更名，我就在另外一個辦公室笑。他下來，我說老師啊，高公孫就是你的筆名，老師說對啊，自己都忘了。

岱峻：老師蠻有性格，好像也不見得非常隨和。

劉雨虹：老師上課的風格是講演，老師講《楞嚴經》，講一會兒就對一個老居士說，好了，你研究那麼多年，現在你上來講。老師讓他講，他就上來講，他是照本宣科，念一句隨便解釋。老師就說下來，下來，哪有像你這麼講的。你看，當眾給他難堪，結果他氣得要死，下課以後他就講，士可殺而不可辱，當眾侮辱我，就不來了。

馬宏達：老師為什麼讓他上去講？

劉雨虹：跟老師學佛，有很多人就困在這佛法裡頭了，也是很麻煩的，老師不搞宗教，一些人偏偏又很沉迷宗教，一天到晚佛菩薩保佑啊。老師剛開始這個禪學班，同學都是比較年輕的，而我在其中算是年紀大的，這些新來的年輕人，老師可能怕被這些老學佛的，帶成那些光要佛菩薩保佑的，光念經的，所以老師就來了這一手，就把這些老佛油子趕跑了。

馬宏達：老師是另外一種情懷。

劉雨虹：對，他不拘形式的。老師說佛學、佛教、佛法三樣，我不搞佛學，我也不搞佛教，我搞佛法，對吧。

馬宏達：他這是菩薩道精神。

岱峻：民國六十年，即一九七一年，又開辦《人文世界》？

《人文世界》封面。

劉雨虹：有一天，老師對我說：文章乃千古事，諸如諸子百家，歷史傳承，以及一切文化思想，都是經由文字而流傳。中華民族的悠久文化，也是因此而得以被世人認同，所以要辦雜誌，老師定名為《人文世界》，以傳播文化，推廣教化，並且要我參與，出點力。於是我就約了外甥女瓊瑤和《皇冠》雜誌的負責人平鑫濤與老師餐敘。平老闆熱情答允代為發行，《人文世界》月刊就在一九七一年四月出版了創刊號，定價臺幣八元。老師每期寫三篇重要的文章，其餘的陪襯文章，除我之外，還有朱文光、周勳男、林曦、徐進夫、杭紀東、徐立功、孫毓芹、李淑君等很多人參與，老師的兒女南一鵬和南聖茵，也寫過文章。我們辦那個雜誌沒有賺錢，還貼錢啊，結果有一個政府什麼人我忘了，寫了一篇關於佛法的文章，沒想到他會這樣，老師趕緊寄了一千塊錢的稿費給他，看他給我們捧場嘛。

很多事情基本就是佛法的範圍，譬如說算命這個事，有人在好運的時候，就做好事，公益的事，就是有貢獻的，有建設性的，有人在走好運的時候花天酒地，對嗎？為什麼會這樣，為什麼同樣一個好運，有人這樣有人那樣？像老師三十歲以前走好運，他什麼都學了，他就是學習啊。有人在好運時，吃喝玩樂，為什麼會這樣？所以算命這個裡頭有一個大問題，不能全信。這個就牽扯佛法了，根器的問題嘛！這不是扯到佛法三世因果了嗎。很明顯的例子，就是老師那個命啊，木旺，小時候走火運，他念書啊，什麼都學了，三十幾歲禪宗也悟道了，密宗，諸子百家什麼都學了。有的人小的時候，環境好啊，又穿得好啊，又玩啊，對不對？你看這個裡頭有多少三世因果啊！

葉曼很能幹，袁家二伯母就想娶她做兒媳婦，後來說不行，跟人家已經訂婚了。葉曼不簡單，活到一百多，反正超過一百。修行已經有點功夫了。她跟我講帶脈通了，我也不懂帶脈通是什麼事。我就跟老師講，葉曼跟我講她帶脈通了。帶脈通什麼啊，老師不說話。因為葉曼後來對老師也有很多意見，她說應該這樣，應該那樣，她還跟我講，辦個什麼東西精華協會，有個地方講經說法就可以了，搞那個幹嘛。她反對，然後大家都不講話，他們一群人都反對，只有蕭政之還贊成，他支持。

馬宏達：戴思博Catherine Despeux當年有沒有參加那個禪學班？

在禪學班的時代，還有一個法國女學生，名叫戴思博（Cathrine Despeux），她是研究道家學術的，對《易經》、《老子》、禪學以及密宗，都有廣泛又深入的研究。她在臺灣的時候，也在淡江大學教法文。她是東西精華協會的會員，也曾給《人文世界》寫過文章，描述她學習中國文化的心得和經驗。

戴思博得到博士學位後，任教於巴黎大學，她仍常在暑假來臺，做學術之旅。近些年來，她也常到大陸做研究。她對學術研究非常認真，現在她已是巴黎大學東方學系的主任了。（註56）

劉雨虹：她像個客人，在淡江大學教法文，她是學道家的，跟老師也認識。

我認識老師以前，老師到處講課，軍中到處講。我小叔子袁行遠在空軍

（註56）劉雨虹著，《禪門內外——南懷瑾先生側記》，東方出版社，2013.07，第43-44頁。

軍官學校當校長，我說你讓他們查資料，老師哪一年在這裡講，他就讓他們查，也沒有查出來。像小張就在軍中看老師的書。

王愛華：老師在部隊裡講課，軍中的報刊會不會有刊登？

劉雨虹：有啊，這要去找啊，沒有人幹這個事。去空軍官校講，陸軍官校到處都講，政治訓練班也講。老師第一次在大陸公開打七是哪一年？

王愛華：一九九四年。

劉雨虹：結果後來老師要打七了，我給老師打個電話，我說老師啊，你在臺灣打七每次我都參加，打死了我也悟不了，所以這次大陸打七，我不去了。老師也沒有講話。過兩天老師給我打電話，老師說你可以坐飛機到北京，我說我去北京幹嘛，他說從北京來廈門的機票好買，你看老師多有技巧啊！原來如此，我就講，老師我去就是。老師讓我去什麼原因啊？大陸我已經來過幾次了，然後曉園大姊又是政協委員，他心裡想我已經認識一些人了，我參加可以找人新聞報導。結果我說老師啊，我來我來，我知道了。那時候袁行遠是華航的總經理，我還買不到票嗎？對不對？因為那個時候從臺灣到香港轉大陸的票很難買，班次少，結果我就去參加打七了。打完七我跟老師說，老師啊你這七天講的話，我都聽過三次五次了。老師說講的不就是這些話嗎？說來說去就是這些話。就是那一次，那個和尚叫什麼名字？

馬宏達：通永老和尚嗎？

劉雨虹：不是，不提他的名字也罷。打七的時候老師出個問題說，誰答得出來給一百塊錢獎金。他得了一百塊。

廣化寺有一個和尚，我忘了他的名字，當初老古有時候有書，老師送給他們嘛，那個時候我管老古，他就給老古寫封信，又打電話就講，你們以後出來的書就立刻寄給我。聽他這麼講話，我就給他回一封信，我說我們是商業機構，出版社，不是一個慈善機構，有人要捐獻的時候，我會建議他買書送給你。我心中想，你認為我們歸你管嗎？你這個和尚不通人情世故嘛，怎麼講這個話。所以老師就講：世法都不通。世法通，佛法才通。

劉雨虹：談到劉安祺將軍，那個時候快九十歲了，跟我們一塊，每天下午來打拳。

劉安祺（一九〇三～一九九五），中華民國陸軍一級上將，字壽如，山東省濟寧市微山縣人，畢業於黃埔軍校第三期步兵科。早年投身軍旅，歷經東征戰役、北伐戰爭、抗日戰爭諸役，由排長升至軍團司令。一九四九年到臺灣後，歷任臺中防衛區司令、金門防衛部司令、陸軍總司令、三軍聯合參謀大學校長、國防研究院副院長等職。

馬宏達：九十歲還打拳啊！

劉雨虹：唉呀！哪裡是真打啊，他做過陸軍總司令，他的下屬常常找他幫忙說情，要幹這個，幹那個，他煩不煩啊，他就出去，不在家，少麻煩。我們幾個人，蔡策、我、閆修篆，每天下午約了在那裡打拳，有時候張尚德也來，但不是固定的，然後劉安祺固定來。這個劉安祺最妙，有一天臨走，我還記得我們在飯廳那裡講話，法光師晚飯端出放在桌上。什麼東西呢？中午吃的麵條，晚上燴在一塊，大鍋菜。結果我們要走了，那個劉安祺講，你們這是什麼飯啊，看起來不錯，我來吃一小碗吧！你看，一個陸軍總司令，這樣吃一碗人家的剩飯。他拿個小碗就盛了一碗慢慢吃。吃完了以後他說，今天晚上有人請吃五萬塊一桌的酒席，我受不了，我就先吃個這個墊底。總司令來了，要喝酒嘛，乾杯，乾杯，你怎麼辦。所以胃裡要有東西嘛。

他夫人死了又娶一個太太，是家庭教師，他說我再結婚，為兒女著想，家庭教師是兒女的家庭教師，兒女能接受。那個家庭教師是湖南人，南方人，他們結婚以後，後來不記得一個什麼場合，請他們也來參加，吃飯什麼的，他就講說我們兩個人是模範夫妻，大家一聽自己說自己是模範夫妻，好奇怪。他接下來又說，我吃饃，她吃飯，笑死了。結果他有一個部下，南方人吃饅頭有一個壞習慣，把皮剝了，不吃皮，在飯桌上就剝皮，劉安祺說，拿來給我，我最喜歡吃饅頭皮，那個人不好意思了，不敢剝了。老師那時候講《左傳》，是跟這些退役的軍人，老師說那麼多將官，最聰明就是劉安祺。

老師有一段時間講什麼文化大系。

馬宏達：給東亞研究所的學生講課嗎？

1981年的一次郊遊，孫毓芹（前右一）與劉雨虹（前右三）等。

劉雨虹：研究所的學生是下午，晚上給這些將官講，這些退役的沒事做，主要大概是蕭政之拉來的。蕭政之也是退役的，說這些人喜歡聽老師講課，因為老師從前也在軍中講過課，所以大家想聽。結果來了退役的海軍總司令，空軍總司令，晚上好像老師給他們講，就是因為這個班，蔣經國不高興了。其實老師講的是《左傳》。劉安祺九十三歲死的，無疾而終。

馬宏達：孫毓芹先生多大年紀走的？

孫毓芹，字泮生。一九一五年農曆七月十九日生於河北省豐潤縣（現唐山市豐潤區）馬駒橋村。一九四二年畢業於北京中國學院。在此前後結婚，生一子鳳生。不久從軍，一九四八年部隊半夜開拔匆匆離開駐地唐山，後又去了臺灣。其子鳳山只有六歲。

孫毓芹能書善畫更能琴，到臺灣後自己斫琴，初極簡陋，後按《與古齋琴譜》製琴，越做越好。遂有弟子隨之學斫琴。一九五九年得識南懷瑾，遂向南懷瑾學禪。後接替吳宗漢在臺灣國立藝專國樂科擔任的古琴課教學工作。一九七五年在臺灣中國文化大學教授古琴；一九八二年又在臺灣國立藝術學院教琴。

在離家三十六年後的一九八四年底，孫毓芹收到了在北京郵電學院任教的侄子海山輾轉美國寄來的家書。「披書難禁淚滂沱」，老淚縱橫，賦詩四首：

浮生若夢夢何為　盼到龍鍾一紙書
反覆讀來還讀去　隔窗冷雨聽雞鳴

披書難禁淚滂沱　一日不知看幾過
廬舍成墟災震後　夢魂猶繞故園多
浮生若夢夢如煙　一紙家書和淚看
啼笑皆非難作主　愧然念載扣禪關
蜀道何如世道難　流離風雨幾辛酸
雄心老去消磨盡　只乞今生度玉關

孫毓芹在臺灣始終一人生活，由於菸酒過量，患有肝硬化、高血壓、中風、肺氣腫等多種疾病，身體孱弱不已。雖然和家人有了聯繫，但要回大陸探親，身體條件已不許可。欲申請其子鳳山來臺探親也是幾經周折。一九八九年終於開始申請其子來臺探親，還未辦好，一九九〇年孫毓芹便因病住院，四月十四日孫毓芹病故，終年七十五歲。四月廿五日兒子鳳山才趕到，「探親」變成了「奔

喪」。兒子把骨灰帶回老家安葬，總算落葉歸根。（註57）

劉雨虹：年紀不大，好像沒有八十啊，他在唐山結過婚，有孩子。那時候臺灣規定，過來探親可以，就申請給他辦手續，結果孫毓芹在加護病房，大家希望能夠等到他兒子來，還是沒有等到。

馬宏達：後來來了是吧？

劉雨虹：來了。他那個原配，在唐山大地震時，房子倒了，壓斷了腿。

馬宏達：孫公在臺灣自己一個人過日子？

劉雨虹：那當然。最初他搞了一個打坐班，他怎麼跟老師結的緣我就不知道了。他在老師後頭的辦公室，天天在那裡閒聊，《易經》他也會，結果我們來了就去後頭，跟寫文章那個徐進夫，還有林曦，大家都在那裡亂吹牛。後來軍方需要他，讓他再回去，後來他不去。臺灣軍方很奇怪，閆修篆

（註57）資料引自〈孫毓芹先生古琴遺音逸輯〉一文，https://music.douban.com/subject/3227535/

退役了以後，硬把他強徵過來，讓他去做事，需要這個人才。

孫公後來有氣喘這個毛病，有一次氣喘，老師就讓人把他送醫院看病，後來好了出來，跟老師說，以後我再犯病，不要把我送醫院了，醫院最難受，死就死了，他說不要受這個活罪。

馬宏達：他的年齡跟您差多少？

劉雨虹：可能跟我差不多，比我大不了幾歲，因為我認識老師晚，我四十九、五十才認識老師，他那個時候大概也是五十多，他軍中退役，就是這個歲數了，比我可能大幾歲。

馬宏達：是民國四年生人，唐山人，北平中國大學畢業。當時還有個中國大學，我都不知道。他曾任教官，科長，主任，大學講師，在哪個大學當過講師啊？

劉雨虹：輔仁。原來老師在輔仁教課，後來老師不去教，說請他代課，他代了一學期，當然他講得沒有老師講得好，後來學校就講，他代了一學期了，那下學期南先生來吧。老師就講請他繼續代吧，結果他們不講話了，後來就不開這個課了。

我說老師啊，那時候老師又沒有錢，我說好歹有這個課，你就去上吧。他說你不知道，把我累死了，他說下了課我坐交通車，因為輔仁在二重埔（新莊迴龍），離臺北還有幾十公里，要坐學校的交通車，我上了交通車，那些教職員就問我問題，我更累，我就不坐交通車，坐計程車，他說我那個待遇還不夠計程車錢，所以就不幹了。古國治是輔仁哲學系的，本來要轉學到臺大，聽說南懷瑾下學期要來教，他就不轉了。所以老師下了課，他就幫老師提皮包，然後老師跟他一塊，到了臺北先找個咖啡館，喝完咖啡再解散。

古國治，臺灣輔仁大學哲學系畢業。自一九七一年大二開始即追隨南懷瑾先生，曾任東西精華協會祕書長，創辦老古出版社，並擔任社長及《人文世界》雜誌社社長，利用讀書工作之餘整理南懷瑾先生書籍及講稿。

劉雨虹：唉，馬宏達，說起這個又想起一件事，是我第一次或是第二次見你吧！那一次我跟你要一張照片。

馬宏達：就我工作證上的一張一吋照片，證件照，是那個吧？當時，好像是一九九四年，我手邊只有工作證上一張小照片，就揭下來給您了。

劉雨虹：宏達不是有問題要問老師嘛，我就帶去問老師。後來我就說你的信不要給我轉了，你自己問老師吧。後來有一次宏達就說要調去西藏，正在考慮要不要去，我說你拿個照片，我去問問老師吧，是吧？

馬宏達：一九九八年去西藏前，我打電話請教您的意見，您說會幫我問南老師的意見，那次您沒跟我要照片。隔一兩天您電話告訴我，南老師說我跟西藏有緣，可以去。

劉雨虹：我為什麼講這個照片，跟你去西藏有關係，結果我跟老師說馬宏達要去西藏，不曉得該不該去，老師先說了一句話，那個苦他受得了嗎？我說那我也不知道，老師說好、好，我過兩天告訴你。老師就把你的照片，放在他的佛堂那個供桌上。

馬宏達：大概求菩薩保佑我。照片的事，宏忍師前幾年告訴過我，好像不是問進藏那次，當時她在香港南老師旁邊。

1999年馬宏達在江孜白居寺十萬佛塔。

緣。

劉雨虹：對啊，然後過兩天老師就說，你跟他講就去吧，他跟那裡有因

馬宏達：西藏挺好的，我那個時候還很捨不得回內地。

王愛華：在那裡會不會有高原反應？

馬宏達：都會有的。

劉雨虹：我在北京有個小姑子叫袁行棐，比我小十歲，北京師範大學外文系的主任，我說西藏很多人去，我是不敢去啦！她說不要說妳不敢去，我也不敢去，我們同事有人去了回來，第二年就害病死了。

王愛華：我有一個女同事去那邊，來例假，回來就骨盆炎，就是氣壓對生理有影響。

馬宏達：那個氣壓跟內地不一樣，氧氣也不一樣。

王愛華：我聽小代說她每次去都要吃藥，什麼藥方？

馬宏達：你們都不太會去，如果真要去的話，提前一週，哈西洋參切片，就是改善心肺的功能。

1990年代，在老古書店。左起杜忠誥、龐禕、劉雨虹、吳瓊恩、周夢蝶、闓修篆。

劉雨虹：我告訴你，南老師在美國時，給華僑，大陸的學者，很多人講課，課程叫做「中國未來的前途」，然後講了很多現實問題，在美國就是照實講嘛。後來有一天，南老師還在，這個稿子我們都整理過了，我就跟老師講，可惜不能公佈，老師說什麼不能公佈，現在共產黨最需要。我說好好，我念給你聽……老師說，這個不行。所以現在稿子還擱著，哪一天能夠公佈不知道。

岱峻：但是要把它記下來。沒有人記的話，歷史就永遠湮沒了。

劉雨虹：那當然啦。就擱在那裡，也許十年，二十年，三十年，總歸有這個紀錄。

岱峻：南老師過去是述而不作，他的著作為什麼很多都是整理而成？

劉雨虹：我聽南老師講課，心想天下事原來還會是這樣的，因為我受的教育是廢棄傳統文化的五四運動，認為傳統都是糟粕，不要，都改了。等南老師一講中華文化怎麼回事，我忽然感覺這個是有道理的。南老師一上來他是到處講演的，所以到哪裡講演，我都去聽，就是從認識老師，對文化的概念一百八十度轉彎，也算跟老師結緣。後來我不是講過嗎，他給我們上課，我說老師啊你不是到處講演，你講演記錄怎麼不寫起來？他說沒人寫得下來，他是激我的，他說不行啊，沒有人。我心裡想有那麼難嗎，我來試試看吧。結果我一試，拿給他看，他講課講完了我就記，記完了拿給他看，哎唷，不錯嘛，怎麼到你手上都搞得這麼好。是騙我的，結果這麼一鼓勵，然後他講演我就記，後來就變成這個事了，永遠跟著他。

岱峻：已經五十年了，五十年還把這麼多人都圈到裡面了。

劉雨虹：對，你看剛才給你這本《懷師的四十八本書》，是所有我給老師寫的出版說明。都是老師講演，講完了我整理，參加整理的人很多，不過最後我把關吧。那麼老師講的這些課，我都不但聽過，文章已經看過多少次，宏忍師也一樣，一看就很明白老師講過多少書，對吧。

2012年元宵節下午，在太湖大學堂，南懷瑾老師換了新圍巾穿戴整齊下樓，我們看著好，就給他拍照，他主動走到劉雨虹老師身邊合影。文字說明馬宏達，攝影烏慈親。

馬宏達：您追隨和協助老師已經半個世紀。老師很多著作都是經您的手完成的，您哪，厥功甚偉。

劉雨虹：宏達過獎了。整理老師講課記錄的，有不少同學，古國治整理了《圓覺經略說》和《藥師經的濟世觀》，閆修篆整理了《易經繫傳別講》，蔡策整理的有《易經雜說》……我整理的可能多一點，聽說有二十多部。多年來，我遵守的，只是文字方面老師的交代和囑託；與老師的任何組織、財務、人事，都沒有關係，因為能力有限，又不喜歡麻煩的原故。所以老師辦的「東西精華協會」，我也沒有參加，我也從未受薪，我只是支持老師從事的文化努力，所以我對老師只是一個義工，一個永遠的義工。

第十一章　搞了半天　還是凡人

劉雨虹：這個梅雨天啊，天天下雨。成都也很濕嗎？

岱峻：差不多吧，中國的這個氣候地理啊，西高東低。你看三條河，北方的黃河，中間是長江，南邊是珠江，三條河流流經的地方，氣候都有相似性，所以南北差異大，東西的差異並不太大。劉老師，我看今天的氣氛，趕巧是您生日？

劉雨虹：我跟你講，你看巧不巧，你說八號來，幾號來，折騰了半天正好碰到我的生日。我跟你講，我本來是根本不過生日，就沒有注意這個事，後來搞來搞去，今天晚上很熱鬧，晚上這樣，跟你簡單介紹一下我們這個環境。老師在的時候，就讓綠谷企業老總，他也是老師的學生呂松濤，在隔壁蓋了房子，好像是一個平臺，然後有些文化交流，人來來往往居住比較方便。然後像約你們來啊，就方便。不是吃誰的，喝誰的，都是綠谷管。我們

2020年7月11日（農曆五月二十一日）劉雨虹百歲壽慶。前排：劉雨虹；二排左起：劉梅英、宏忍尼師；後排左起：彭敬、詹紅生周敏夫婦、岱峻馮志夫婦、呂松濤、馬宏達。

就一直待在淨名蘭若這裡，然後繼續老師很多的事情，沒有做完的還在繼續做，我到現在都還沒有做完。

賀雨虹老師期頤之壽詩鈔

耄耋編著孰與儔　般若花開石上流
邛海淡抹藏恬靜　太湖淺妝出深秀
香儀愧無趙州茶　心願期同龍樹壽
淨名蘭若夏月朗　海屋碧波添新籌

——宗性法師

百年滄桑川水流　日月同輝奇緣投
南師法語彩虹照　妙筆生花馨千秋

——呂松濤

淨名蘭若燈續燃　法脈雲梯更上樓
百萬珠璣誰來貫　期頤仍撐大乘舟

——劉梅英

椽筆翰章雨後虹　梵行無盡的的行
一百年來唯一事　識得真空是從容

——趙海英

期頤編者世上稀　特立獨行人中奇
百年滄桑眼中過　乾乾不息光風霽

——馬宏達

雨霽風雷靜　虹映天地新
先懷千載憂　生逢萬古心
上下而求索　壽兮仁者馨

——代興玲

一生春風化雨　人似夏日彩虹
談笑秋爽酒老　行止冬陽慧師
瀟瀟遊遍千生　如如勵君萬日
莫問何以為快　錦衣夜行吾樂

——黃若予（註58）

劉雨虹：你來呀，我告訴你，客人不招待主人。

岱峻：我在您博客裡知道，誰要攙扶您，誰給您端茶送水，添飯拈菜敬您，您並不高興。

劉雨虹：老人最需要自立。我跟你講，我們這個老人的痛苦是什麼？我們從前中華傳統文化的一個習慣，現在沒有了，譬如說有人進來看我，我這裡有客人，你們也是客人，那人一進來剛好你們認識，好，你們一擁上來又

（註58）摘錄自《百歲賀壽詩文集》，以上七首為筆者到訪之日，劉老師生日當天諸方賢達所作之賀壽詩。

是擁抱，又是講話，把我晾在這裡，我說那個人是來看我，你懂禮貌的不要行動，等這個人來跟我打過招呼，然後你們再跟他談。現在不然，現在沒有章法。所以我跟你講，古人說長壽是災害，為什麼，有時候你就看著心裡很彆扭，可是你沒有辦法，都不合理，這是我的亂說，幸虧學過一點禪宗，放下，放下就不管了，對吧。

岱峻：劉老師您這輩子就是禪宗，我對您的興趣就是禪宗的興趣，包括很多東西，包括您說您父親給您存的五千多塊錢是吧，當時那五千塊錢很值錢的啊，等到您回去那五千塊錢就是廢紙了。您還談到有個衣復恩，是老蔣先生的駕駛員。他的妹妹原來就是華西醫院施藥。

劉雨虹：我告訴你衣復恩的笑話。這個衣復恩，蠻爽快的一個人。有一次他們有任務幫助伊斯蘭國家，結果那些國家有錢啊，就美金一疊一疊給他們，他就裝在一個麻袋。我弟弟跟我講，他說衣復恩真好玩，說你來看，一麻袋都是美金。還有空軍在撤退的時候，不是北方被共產黨佔了嗎，抗戰以後啊，結果有錢人走不掉怎麼辦啊，這個國民黨的空軍支援當地國民黨的人

2013年3月，劉雨虹（中）與古國治（右）拜望閆修篆。

員，都是滿載而去，回來飛機是空的，這一些有錢人就給駕駛員一箱的金條，說讓我們上飛機，那個駕駛員答應就可以了，所以他們都發財了，不得了啊，美金都是一疊一疊的，所以亂世莫名其妙。還有我們在南老師那裡認識的一個同學王徵士也是山東人，要逃難啊，然後坐船，坐太平輪。

岱峻：王鼎鈞的《回憶錄四部曲》裡面有寫，就是太平輪，沉到海底的事？

劉雨虹：那一次的太平輪沒有沉。結果在上海的碼頭啊，這個同學帶著五個箱子，裝有金銀財寶，在那裡等著上船，後來說不行，只能帶一個。到了臺灣打開一看，是太太的高跟鞋。所以你看那個時候的上海亂成什麼樣子，碼頭上丟多少東西啊。

還有那時候亂世啊，有個我們認識的人叫朱星門，法國留學的，跟曉園大姊是同學，他在抗戰的時候作軍火生意，有錢得很，在重慶家裡還吃黃油，什麼都是進口的。抗戰勝利以後，他在上海買了一個銀行，好像是金城銀行，結果上海要撤退去香港的時候，他最後把金城銀行所有的資產啊，錢啊，通通匯到香港了，等他到了香港以後，那裡的人說沒有收到，給他吞了。這怎麼辦啊，後來在臺灣的漢口街開了一個小門面，在那裡賣法國酒度日。所以這個人啊，我說要看開放下，不要認為自己永遠在走運啊，有時候你能夠富，也能夠貧，無所謂了，這個就要老師教禪宗了。

又一日，高客滿堂，席間漫談，老師隨意說了一段幼時家中銀行存款，如何在一夜之間化為烏有的遭遇，隨即便悠悠然說出他那句名言「所以我一輩子不存錢在銀行」。我忍不住問，「老師……那通貨膨脹怎麼辦？」話音未落，老師驀地臉色一沉，雙目炯炯地看著我，大聲喝斥道：「你要是乞丐怎麼辦?!」我瞬間呆住，向來敏感的自尊心還來不及在眾目睽睽之下窘迫，整個世界便安靜下來，對未來的期待、不安、恐懼、疑惑，忽然通通地撒手，心中一凜，我朗聲答道：「那我就乞討去！」老師立刻面色舒展，笑道：「這就對了」。（註59）

岱峻：不是禪宗教會我們人生，而是禪宗就是對人生的總結提煉，是吧？

劉雨虹：對啊，所以人啊不能夠太介意，就這個樣子。彭敬當初來，我

（註59）牟容瑢〈最珍貴的因緣〉，劉雨虹編，《雲深不知處——南懷瑾先生辭世週年紀念》，南懷瑾文化事業有限公司，2014年出版發行。

說彭敬你多大啊？彭敬說二十八，現在都四十了。彭敬他的姑婆啊，有許多朋友，後來問他說彭敬你要去北大或清華，我都跟你保證沒有問題。他說我不要，我要去太湖大學堂。他們說什麼叫太湖大學堂？後來他就來了太湖大

2018年6月20日劉雨虹在蘇州廟港。

學堂。

關於「太湖大學堂」，那是南師多年前的理想與籌劃，六年前始得破土興建。該處佔地二百餘畝，就在上海西南一百一十公里，及蘇州之南約六、七十公里地方的太湖之濱。那裡一望無際的如茵草地，桃李芬芳，有孔雀漫步，有鴨群逍遙，還有太湖的月光……太湖三萬六千頃，月在波心說向誰……

目前大學堂完工使用的有行政主樓，客房樓，及講堂樓三棟。行政樓有辦公室，圖書庫，客廳等。客房樓一層為餐廳，可容納百餘人，二、三層為五星級客房。特別一提的是講堂樓，一層是講堂，第二層為可容納二百多人的禪堂。這個禪堂，在空氣、光線、音聲、溫度等各方面的精心設計，可稱獨步世間，有識者評為前無古人之創舉，應屬中國禪文化一大進步。

至於大學堂暫定的運作方式，略有幾個特點：（一）非一般學校性質，採取與中外大學或文化團體簽約，對特定主題進行合作；

（二）致力於新時代中華傳統文化的研討與發揚，倡導深化基礎教育及社會教育的重要性；（三）放眼世界，推展中西人文科技文化實質的融會貫通；（四）對於宗教文化，重點在學術及實證，故不舉辦宗教性活動。（註60）

以上所記，為劉雨虹二〇〇七年所寫尚在建設中的太湖大學堂，而今人去樓空，不禁讓人扼腕歎息。

彭敬第一次來，還是爬牆進來，被人趕出去。結果從二十八搞到現在四十了。不過他記性好，現在變成我的字典，我提筆忘字就要問彭敬，這個字怎麼寫。有時候寫完了東西給他看看，你看看這個裡頭有沒有什麼毛病，從前不這樣啊。還有一個牟煉，讓她看看，我說我寫的，你們是讀者，你讀覺得有沒有問題？她就說你做主。我說我沒有問你誰做主，我是問你意見。

（註60）劉雨虹，《南懷瑾與國際跨領域領導人談話》出版說明。老古出版社，2007年版。

所以，靠他們幫忙嘛，對吧，這都是緣份啦。所以學了這個《易經》，有時候覺得不要愁這個事要找人，到時候人自然來了。跟著老師這些年啊，說是整理老師的文章這些，事實上是跟著學習，你不看他的文章講演你怎麼學，也就是看了覺得有興趣，到現在看還覺得有興趣。所以中國人啊，這個中國傳統文化真了不起。你們搞這些就是文化吧。

岱峻：我看南老師，他不是佛教徒對不對，也可以說他是一個佛教徒，道教他也寫，對吧，密宗也寫。《論語別裁》，儒教也寫。

劉雨虹：我們說這個教徒，有人可能不是教徒，可是他深信佛法的道理，變成教徒已經是一個形式啦，形式也需要啦。古代讀書人門口貼條子「僧道無緣」，就是和尚道士啊，我跟你們無緣，你們不要來，裡頭自己在學佛法，對吧，所以不是一個形式的問題，老師是深信佛法的，但是老師道家、一切通通都是有道理的。從前剛抗戰有一本書叫做《中國的命運》，你看過沒有？

岱峻：沒有看過。是蔣先生寫的嗎？我父親他們那一輩人是要讀的。

劉雨虹：對，這本書執筆是陶希聖，有名的文膽，然後第一句話我看了以後就奇怪，他說中華民族多數是信仰道家的，我說中國人不是信佛家嗎，怎麼通道家？你看醫藥啊，什麼都是道家的，所以中國人的生活跟道家的思

2018年3月20日，南師百年誕辰紀念活動期間，杜忠誥敬錄南師贈雨虹詩。

想行為脫不了關係，不過形式上你看不見。

馮志：在四川可以看到這一點，道家的痕跡很重的。我們雖然沒有信，實際上像青城山道士的生活方式，我們都覺得很好，可能在我們生活中不知不覺，已經有一些內模仿。

岱峻：劉老師您剛才說的那一段話，我就想到基督教裡頭也有，你看那個馬丁路德就說，憑著《聖經》就可以找到上帝，可以不要教皇，也可以不要主教，只要是看《聖經》，他說接近他的精神實質，所以第一我們自己有敬畏心，第二我沒有認哪個教派而來排斥別的教派。

劉雨虹：我再問你一個問題，你搞文化，搞這個，那你涉獵不涉獵道家啦，佛家啦，什麼其他方面的？自己搞不搞修養？所謂修養就是自個兒的氣脈問題，情緒問題，頭腦思想問題，所謂修養佛家有佛家的，道家有道家的。

岱峻：基本沒有，很慚愧。其實，我跟佛家也有很深的緣份，惟賢法師，他是重慶一個圓寂的高僧，劉老師，您聽說過沒有？

1988年9月，岱峻與惟賢法師在內江聖水寺。

宏忍師：惟賢法師我知道，很了不起。

岱峻：那是我的老師，惟賢法師的全集我參與了編輯工作。他是我老師，不是我師父，我沒有皈依。

馬宏達：南老師也是這樣，那次辦第一屆世界佛教論壇前，葉小文局長來邀請南老師參加。南老師就說，我不信宗教，我信睡覺。跟宗教界朋友是有往來，但是不會去搞那一套。

岱峻：惟賢法師主持過

第二屆和第三屆世界佛教論壇。

宏忍師：他講什麼課？

岱峻：他沒有講課，我二十八歲剛上大二，是跟劉老師一樣只念過初中，沒有念過高中，一九七八年恢復高考，考上重慶師範大學中文系。因為星期天，我去長江邊上南岸那個慈雲寺。那是一九七九年，惟賢法師剛出來，他在勞改農場度過二十七年，那時候還沒敢公開做佛事，叫生產自助，織綿線。但是我一見惟賢法師，就震住了，就像劉老師說見南老師那樣，他就跟我說聲光電化，然後從黑格爾的《小邏輯》，然後讓我到他寮房裡看他書架裡的書，因為他是從在永川茶廠勞改的時候，正果法師給他寄了一批書去。

劉雨虹：你也很早就接近這些出家人法師？包括宗性法師。

岱峻：宗性法師當青年學僧時，我就認識他。當時他在四川佛學院遍能大和尚那兒讀四川佛學院。我是記者去採訪，不是一般的採訪，是寫紀實文學。在廟裡待了半個多月吧？最後，遍能法師要我留下，希望我幫他辦事。

我還不能丟下俗務去他那裡。但遍能法師主動給我寫了一幅條幅，他是書法家。

宏忍師：那個寺廟叫？

岱峻：寶光寺，是這樣的，遍能法師啊，他們當年是漢藏教理院的，太虛法師那裡，漢藏教理院很早的時候，遍能法師年齡還不大的時候，就是漢藏教理院的教務長，馬一浮先生就覺得他很不錯，他後來在樂山主持烏尤寺，然後才到寶光寺。他那時七十多歲了，在全國佛協開會時說，佛教當前面臨的問題，第一是僧才問題，第二是僧才問題，第三還是僧才的問題，所以他要在寶光寺辦四川佛學院。辦學他就把我的老師惟賢法師請過來做教務長，招的學僧就有宗性法師他們那一批。

劉雨虹：是這樣啊，宗性大和尚才十七歲啊。

岱峻：對，我見到他的時候就是十八九歲的年齡。當時他剛剛高考落第嘛，差一分還是幾分。他是在重慶潼南嘛，一天上午他出門按照夢境所示路徑，走到遂寧廣德寺，去那個廣德寺一看，跟夢境所見一模一樣。然後就在廣德寺出家，後去昭覺寺受戒，再讀四川佛學院。所以現在宗性大和尚，偶爾我們還會打個電話，正好我看到劉老師的博客裡邊，誇讚宗性大和尚的詩寫得好，就是南師圓寂三週年的時候他寫的幾首詩嘛。來之前我就跟宗性法師說，我要去看劉老師。

釋宗性：南公懷瑾先生三週年祭

樂清明月圓，天遣靈獅繞後殿，逐夢西湖邊。
靈巖明月圓，頑石也存好人願，碧雲大坪天。
寶島明月圓，東西十方精華傳，撒落日月潭。
華府明月圓，為播道種出鄉關，蘭溪納英賢。
香江明月圓，人民公社席未散，海峽一線牽。
太湖明月圓，耄耋心憂文脈懸，心路無盡篇。
空林明月圓，相續前緣七十年，此情追何堪。
三載明月圓，蠡測禪海湧千言，燈照金粟軒。
三載明月圓，團團桌面人難全，地北已天南。

三載明月圓，身前身後留公案，諸君用力參。（註61）

劉雨虹：他還給我發一個消息，說這個岱峻他們夫妻，是我二十年的朋友了，認識幾十年了。我說搞來搞去都是一家人。他長得很清秀。

岱峻：我剛見到他那時，跟一般學僧就是不一樣，讀書寫字有一種堅韌。學院有一個掃地的居士婆婆，天天掃院子，他就幫那個婆婆掃。那個婆婆說，不要不要，你是法師。那個婆婆穿著個紅圍腰，有時在一個角落煮麵條，有時也挑一點招呼他吃，一老一少，和諧美滿，很有人情味。跟一些傲岸自恃的出家人很不一樣。

劉雨虹：宗性法師是四川哪裡人？

岱峻：現在是重慶潼南，挨近四川遂寧。

（註61）中佛協副會長宗性法師：〈南公懷瑾先生三週年祭〉，騰訊網儒佛道頻道https://rufodao.qq.com/a/20150929/038389.htm

劉雨虹：我認為四川出才子，真的，中國人講文才啊，你不要看江蘇浙江狀元多，沒有用，普遍第一是湖南，第二是四川。他那個四川人啊，連吵個架都很有文化，說話都不一樣。

2020年10月2日岱峻與宗性大和尚、朱清時院士在成都文殊院。

政治學家、燕京大學教授蕭公權在《問學諫往錄》中回憶自己初到成都，時值臘月。一天過春熙路，見一花店擺放著各色折枝臘梅，其中一枝綠萼梅，活色生香，但一望標價奇昂，不覺連聲說貴。老闆輕言道，「先生，花有幾品，人有幾等嘛。」言下之意，先生貴人，就值這個價。

劉雨虹：那我再問你一個問題，早上你剛一睡醒，你幹什麼？馬上跳起來，起床嗎？還是在床上賴一會兒？

岱峻：賴一會兒。

劉雨虹：那你這個就是道家的修行了。這個對於身體健康至關重要，有一位先生就講，他一睡醒馬上今天我要幹什麼幹什麼，不行，一定有一個過程，就是你從沉睡到完全清醒，不是忽然的，你慢慢這個過程走過來，自然對身體是好的，你突然起來這個對身體有傷害，這個就是中國人講的修養嘛，養生之道有些就是心平氣和，不要發脾氣，都有道理的，對不對啊，脾氣不好，亂發脾氣，不是傷肝嗎，對不對。所以剛睡醒這個過程，在迷迷糊糊混沌狀態，這個《列子臆說》上老師講得很清楚。這些事啊，我這個人看書，東看看西看看，我看這個有勁兒就看，對不對，佛教有一句話，隨緣度眾生，就是出家人幫助眾生，度他，可是得要有緣啊，你沒有緣說了也不行啊，所以就隨便，有緣就說幾句，無緣少說幾句。你還年輕，你六十九了。

岱峻：我小您三十歲。

劉雨虹：我跟你講，說這個人活多久也不是全命定的，我是不相信宿命論的，說人定勝天也不對，可是三分人事七分天命，這個絕對是真的，那很多事情你看不成啊，你沒有盡到你三分人事啊，有時候三分人事你盡到五分，你成功了，對吧！這是我的想法，看事情我們該做的，我們就努力堅持去做，不管他成功不成功，就是努力就好了，那最後也許就成功了，不成功也就算了，至少努力了。

馬宏達：有沒有講到劉老師坐輪椅，後來怎麼樣重新站起來？

岱峻：對，這個還沒有講，您活那麼高壽，是怎麼養生，怎麼飲食，怎麼營養，您怎麼健身，您的作息時間，您怎麼從病床上站起來，這一部分還沒有講。

劉雨虹：我幾十年前摔了一跤，去看醫生，醫生看了照片，就在那裡搖頭，唉！我說幹嘛啊，我的肺怎麼回事啊，我的肺有沒有破？他對我說，我當了這麼久的醫生，沒有見過六十歲以上的人肺這麼乾淨。他沒有見過，這是真的。你看，我跟你講宏達，我很少感冒啊。

2016年12月12日，劉雨虹在淨名蘭若。

馬宏達：對，以前我們辦公室這些人都感冒咳嗽，只有劉老師什麼事都沒有。

劉雨虹：我肝氣不好，因為金太多，肝是木嘛，所以我常常脾氣大，要吃逍遙丸舒肝。我那一天就給松濤講，松濤搞這個老人癡呆的藥，說是腸跟腦子的關係，我說我就是你這個說法的實踐者，我就是這麼做的，我一生飲食清淡，從來沒有說過度的飲食，所以我認為頭腦到老了還算清楚，是因為你沒有多餘的食物變成垃圾在血液裡頭循環，對吧。所以我一生，在這裡你可以問宏忍師，我吃的東西很少，但是蛋白質什麼我都顧及到了。道家說的「若要長生，胃裡常空；若要不死，腸裡無屎」，這就是根本的健康之道。

馬宏達：也要注意營養。

劉雨虹：我不缺營養，可是我絕不多吃，這個很重要。像呂松濤他們搞的這個藥，有很多人批評啊，反對啊幹嘛的，我跟松濤講，我都可以給你背書，我就是這麼過的，對吧。老人常有睡不著的毛病，現在是冬天，給老人喝點羊肉湯，應該對睡眠有幫助的。所謂羊肉湯是真正的羊肉湯，至於餐館買來的，就不知道是否有化學合成或有任何添加物了。

馬宏達：這是飲食營養方面，其他方面呢？

劉雨虹：有人問，學佛要不要也懂些醫藥常識？佛法所說的五明，其中就有個「醫方明」啊！芝麻綠豆大小的病，都要往醫院跑，不通曉一點醫理藥物的話，修行時的身心變化怎麼對應啊？在平常生活中，常有違背氣的運行的動作。記得我二十多歲的時候，有一次俯身彎腰工作太久，忽然腰直不起來了，家中老人去採了一些小茴香煮水給我喝就好了，這叫作順氣。素食之中也有調和氣的青菜，除了小茴香，還有薑、九層塔（荊芥）。南師還說過，黃花菜也是理氣的，可治憂鬱症，也就是說，患抑鬱症的人，多半是氣不調和，所以要患者多運動，活動筋骨，使氣順暢才能好。

馬宏達：您面對這個病痛，當年也得過類風濕，也坐過輪椅幾次，然後怎麼重新站起來的呢？

劉雨虹：我跟你講，這就是一個人的願力，我要怎麼樣。譬如我那一年，不是患了類風濕關節炎，然後我就坐輪椅啊，坐了很久的輪椅，後來我一想，我以後永遠坐輪椅，這個不行啊，對不對，我說我要想個辦法。後來我就翻《顯密圓通成佛心要》，裡頭有一節就是準提法，你修準提法，有一種是為了有病而修的。我不是有病嗎，我就為了怎麼樣使這個病好，我就修那個法，我是照那個書本修的。既然說修這個法有效，那我就來試驗一下，後來就好了。我就早上修這麼一次。

馬宏達：早上只修一堂？

劉雨虹：對啊，不是一整天。之後我就稍微可以離開輪椅一點了。為什麼，因為第一這是你的願力，第二你的信心，你沒有信心做事就沒有辦法做了。我看了這個，我說佛經上講不會騙人的，既然有這個說法，那我就來搞。我心裡想還真有效，不是永遠離開，可以離開一段的時間，所以袁保雲有時候推我出去散步，帶著輪椅，走一陣不行了就坐輪椅，是這樣的。後來有人以為我一天二十四小時在修準提法，沒有，就是早上。我跟你講，以我的經驗，你修佛法，你隨時都可以修，問題是你念頭要定在這個上頭，你不能一邊念一邊散亂，哎呀，我等一會兒吃啥，我要去哪裡，這就不行，這個一定要專心，你如果能夠很專一，你自己會感覺氣脈在動，會感覺到，這個就是信心跟願力嘛。

馬宏達：那個之後就一點點開始可以走路是吧？

劉雨虹：對。

宏忍師：是二〇〇〇年去北京找焦樹德先生治病那一次嗎？

焦樹德（一九二二～二〇〇八），河北省辛集市人，畢業於西醫學習中醫研究班，擅治內科疑難重病，療效卓著，深受患者擁戴，著有《焦樹德用藥經驗十講》。二〇〇八年六月十四日在北京逝世。

劉雨虹：不是那一次。我從前有個同學有帕金森氏病，他就跟我講，說焦樹德專門治這個類風濕關節炎，我不是有這個病根嗎，他說你過來看。結果，因為我平常啊，在我年輕三十幾歲時，我從顧問團退休，那個時候我先生到聯合國工作，待遇很好，我就不做事了，就在家裡看兩種書，第一是中醫的書，第二是算命的書，每天看這個。我就看那個焦樹德啊，看病啊這

些，所以醫藥這些我也懂一點點。後來我就講，這個醫藥，南方主要是《傷寒論》，北方就是《溫病條辨》。結果後來我也看這個藥方啊，我那個同學跟我講，讓焦樹德給你看看吧，我看他開了一個生地，藥有生地、熟地兩個，這個據我看中醫的書的了解，熟地是什麼？我們屋子裡生了碳火，窗戶都關了，有煙跑不出去。生地是什麼？我們生了火，窗戶是開著的，有煙會跑出去，我就知道我絕不能吃熟地，因為身體有關節炎的病根。結果我看焦樹德那個藥方有生地，我說好，這個人偉大，後來我就吃過一陣他的藥，是這樣的。焦樹德看病的時候，外頭掛號排隊的人很多，他每天只看十個。

馬宏達：中日友好醫院。

劉雨虹：對，中日友好醫院。然後焦樹德有一次不在的時候，他的學生，得了博士學位的，替他看病，原來都好的，博士一看，恢復病狀。後來焦樹德就講，我不要什麼博士啊，我找幾個徒弟，真正對這個有興趣的，所以焦樹德看病的時候，一邊對兩個徒弟講，說你看剛才我給那個人開藥開六十克，為什麼我給這個老太太就開十六克，你們懂不懂啊？現場教啊，所

2021年1月13日，劉雨虹在蘇州廟港。

以焦樹德很不錯。所以我說我一輩子運氣好，碰到醫生好。現在碰見你們更好。

馬宏達：您也研究命理，袁樹珊您也見過面？

劉雨虹：這個算命啊，有道理，可是不能全信，老師在的時候，曾經三次讓我開班講算命，為什麼？因為我認為三分人事七分天命，這個算命是七分，還有三分要靠你自己，你這個三分人事，你盡到了五分，就打破那個七分天命了，所以人定勝天啊，不能勝天至少不盡信那一套吧。所以老師三次讓我開班教，因為我這個觀念也是老師的觀念，就是要自我相信。有一次臺灣的大陸工作會，請老師去講課，老師講課講完了，談到算命的事，就說我那裡有一個人算命很高明，就是說我，他們說我們要跟她學，五個人報名，來了，甲乙丙丁，屬陰屬陽都弄不清，學什麼，都是要我給他算命的，我說不來了。

馬宏達：大陸工作會就是臺灣做大陸工作的組織機構。

劉雨虹：對，那個時候大陸共產黨第一手的資料，他們都有，他們有管道，然後就拿來給老師看，說共產黨現在在幹什麼，又是幹什麼。

馬宏達：劉老師患類風濕的時候是八〇年是吧？

劉雨虹：好像是八〇年。醫生給我吃類固醇（激素），吃到變成月亮臉也沒有好。後來看到英國人寫的一篇〈關節炎四十年〉的文章，他是每天走路兩公里才痊癒的。他的走路不像平常的走。首先身上手上不背拿任何東西，走路比平時大步一點，稍快一點。開始只走半公里（五百公尺），一兩天後慢慢增加，到十天左右時，增至兩公里，以後不可再多增加，每天只走兩公里，以免關節負擔過重。所以，不是走得越多越好。其實這就是「知量」。我看到這篇文章後，馬上用這個走路的方法，不久關節炎也痊癒了。後來我來看老師還帶著輪椅，有必要的時候坐啊，你有一次推著我去買包子。

馬宏達：對。那一次類風濕坐輪椅之後，平常帶著輪椅不見得用。這一次坐輪椅是因為摔跤的關係。

劉雨虹：八十歲時，關節炎又來了，年紀大，抵抗力差，很快就必須坐輪椅，也由中西醫治療過。西醫在數十年後，已有更多的研發，不是單開類固醇，而且我對任何藥，都向醫生詳細詢問，並看有關藥的資料，醫生都說我是個「好病人」。但是，能脫離輪椅，大部分是我自己的願力、意志力達成的。我告訴自己，不能坐在輪椅上度此餘生！於是我用專一心念的法門，咒語的念誦，以及觀想等等的心地法門，四十九天後，已能短暫離開輪椅了；又過了兩週，自己可以推著輪椅出門；大約半年後，完全脫離了輪椅，我太幸運了。記得二〇〇四年，我到上海去看老師時，還帶著輪椅做為後備。再過一年，我終於把輪椅丟棄了。

岱峻：願力神奇，真了不起。劉老師，我想再請問您一些問題，我看您周圍的人也有信基督教的，您姐姐劉雪琴就是天主教徒，趙春翔先生也是受于斌大主教的資助出國，您本人也是讀教會大學，您先生也是在教會大學，那個教會大學有宗教氛圍，要做彌撒，做禱告，還有聖誕節復活節等，您有很多老師，譬如陳裕光校長，章之汶院長，他們都是基督徒啊，那為什麼你沒有成為基督徒？

劉雨虹：我告訴你，我就反對，我不喜歡組織，他們搞基督教，又是唱詩班啊，又是活動啊，我看到那個趕緊走得遠遠的，不跟他們聯絡，他們搞他們的。在我的感覺，他們已經變成宗教了，對異教徒有排他性，對不對？我不參加任何宗教啊，西方的也好，東方的也好，佛教我也不參加啊，我信那個道理可以，可是這個組織我是不贊成的，這個很討厭啊，所以他們街頭一搞什麼我趕緊跑得遠遠的，雖然他辦教育，那是另外一樁事，他們的活動跟我無關，我討厭。

你們有沒有孩子啊？

岱峻：有，一個四十，一個三十幾。我們是再婚夫妻。

劉雨虹：看不出來。現在這個制度啊，就是南老師說以後沒有婚姻制度了，合得來住在一塊，對不對，要兒女再結婚，不要兒女不結婚，合不來就再見，免得麻煩，這個不是說變心問題，跟這個在事業上，思想上特別投緣，那麼在一起可以有貢獻；跟那個只是有情感，那麼自然就走到那邊去

2020年7月14日馮志（左）、劉雨虹（中）、岱峻（右）在淨名蘭若。

了，也不必說非要怎麼樣。孩子們各奔前程了吧？

馮志：女兒已經結婚有孩子了，兒子就一個人，自己也是很好。

劉雨虹：這樣最好，個人獨立生活，不要牽扯。有的父母要管，要這樣，要那樣，這樣不好。

馮志：他們自己有選擇，我兒子選擇不婚，我說那沒問題，只要你自己對自己負責就行了，就挺好的，女兒有家庭我們也覺得挺好的，但是我們不多管他們，我們就跟他們講，我們也不用你們管，我們會自己處理。

劉雨虹：其實你們這樣也等於理想一致的結合，那兒女也很高興嘛，否則的話一天到晚要靠兒女孝順，那就很痛苦。

岱峻：他們自己忙自己的事情。

劉雨虹：那也很好。

岱峻：劉老師，該說告辭了。我最後要表達一下，我包括我的內人，我們都是您的晚輩，都是您的學生，最好的一點，我們覺得跟您有高度的精神契合，而且我們會以你作為人生楷模，以後的路該怎麼走，我們知道了。您談到一段話，「當我涅槃的時候，請你們給我唱歌」，我覺得特別感動。

劉雨虹：對，為什麼我這麼講呢，我就想我的一生啊，太熱鬧了，很複雜也很有趣，所以一個人的人生能夠經過這麼波波折折，亂七八糟的都經歷過了，最後還能夠活到這個歲數，那不是很值得鼓舞的事嗎。我告訴你，我這麼想，現在年紀這麼大，假如我涅槃了，離開這個世間時，請大家為我歌唱。

金風送爽，又是一年秋來到，想起去年種種一切，怎不神傷。

今年元夜時　明月照依舊

不見去年人　淚濕青衫袖

以上摘自二〇一三年九月劉雨虹在《雲深不知處——南懷瑾先生辭世週年紀念》一書前的「編者的話」，謹移作本書的結語。

初稿完成於庚子年八月十九日

南懷瑾文化出版相關著作

2014年出版

南師所講呼吸法門精要
劉雨虹／彙編

孟子與盡心篇
南懷瑾／講述

東拉西扯——說老人，說老師，說老話
劉雨虹／著

雲深不知處：南懷瑾先生辭世週年紀念
劉雨虹／編

禪海蠡測
南懷瑾／著

禪海蠡測語譯
南懷瑾／原著，劉雨虹／語譯

孟子與滕文公、告子
南懷瑾／講述

太極拳與靜坐
南懷瑾／講述

2015年出版

點燈的人：南懷瑾先生紀念集
東方出版社編輯群／編

金粟軒紀年詩
南懷瑾／原著，林曦／注釋

話說中庸
南懷瑾／著

孟子與萬章
南懷瑾／講述

孟子與離婁
南懷瑾／講述

孟子與公孫丑
南懷瑾／講述

2018年出版

南懷瑾與楊管北
劉雨虹／編

禪、風水及其他
劉雨虹／著

如何修證佛法（上下）
南懷瑾／講述

藥師經的濟世觀
南懷瑾／講述

懷師之師：袁公煥仙先生誕辰百卅週年紀念
劉雨虹／編輯

我的故事我的詩
南懷瑾／講述

洞山指月
南懷瑾／講述

百年南師——紀念南懷瑾先生百年誕辰
劉雨虹／編

新舊教育的變與惑
南懷瑾／著

禪與生命的認知初講
南懷瑾／講述

易經繫傳別講（上下）
南懷瑾／講述

道家密宗與東方神祕學
南懷瑾／著

中醫醫理與道家易經
南懷瑾／講述

對日抗戰的點點滴滴
南懷瑾／口述

孟子旁通
南懷瑾／講述

2016年出版

大圓滿禪定休息簡說
南懷瑾／講述

我說參同契（上中下）
南懷瑾／講述

人生的起點和終站
南懷瑾／講述

孔子和他的弟子們
南懷瑾／著述

漫談中國文化：企管、國學、金融
南懷瑾／講述

跟著南師打禪七：一九七二年打七報告
劉雨虹／編

2017年出版

瑜伽師地論 聲聞地講錄（上下）
南懷瑾／講述

靜坐修道與長生不老
南懷瑾／著

圓覺經略說
南懷瑾／講述

答問青壯年參禪者
南懷瑾／講述

說不盡的南懷瑾
查旭東／著

說南道北：說老人 說老師 說老話
劉雨虹／著

2019年出

花雨滿天維摩說法（上下）
南懷瑾／講述

金剛經說甚麼（上下）
南懷瑾／講述

懷師的四十三封信
劉雨虹／編

2020年出版

禪宗新語
南懷瑾／著

楞嚴大義今釋
南懷瑾／著

懷師的四十八本書
劉雨虹／著

皇極經世書今說——觀物篇補結
閆修篆／輯說

談天說地：說老人、說老師、說老話
劉雨虹／著

2021年出版

照人依舊披肝膽 入世翻愁損羽毛——劉雨虹訪談錄
岱峻／編著

照人依舊披肝膽 入世翻愁損羽毛
——劉雨虹訪談錄

建議售價・380元

編　　著・岱　峻

口　　述・劉雨虹

出版發行・南懷瑾文化事業有限公司

網址：www.nhjce.com

代理經銷・白象文化事業有限公司

412台中市大里區科技路1號8樓之2（台中軟體園區）

出版專線：（04）2496-5995　傳真：（04）2496-9901

401台中市東區和平街228巷44號（經銷部）

購書專線：（04）2220-8589　傳真：（04）2220-8505

印　　刷・基盛印刷工場

版　　次・2021年3月初版一刷

設計編印 白象文化

www.ElephantWhite.com.tw

press.store@msa.hinet.net

總監：張輝潭　專案主編：吳適意

國家圖書館出版品預行編目資料

照人依舊披肝膽 入世翻愁損羽毛——劉雨虹訪談錄／劉雨虹講述，岱峻編著．--初版.--臺北市：南懷瑾文化事業有限公司，2021.3

面：　公分

ISBN 978-986-06130-0-1（平裝）

1.劉雨虹 2.訪談 3.傳記

782.887　　110001030